근현대 전법 선맥(傳法禪脈)

75조 경허 성우(鏡虛 惺牛) 전법선사

오도송

홀연히 콧구멍 없는 소 되라는 말끝에 　　忽聞人語無鼻孔
삼천계가 내 집임을 단박에 깨달았네 　　頓覺三千是我家
유월의 연암산을 내려가는 길에서 　　六月鷰岩山下路
일없는 야인이 태평가를 부르노라 　　野人無事太平歌

76조 만공 월면(滿空 月面) 전법선사

전법게

구름과 달, 산과 계곡이라, 곳곳에서 같음이여 　　雲月溪山處處同
선가의 나의 제자 수산의 큰 가풍일세 　　叟山禪子大家風
은근히 무문인을 그대에게 분부하니 　　慇懃分付無文印
이 기틀의 방편이 활안 중에 있노라 　　一段機權活眼中

* 제75조 경허 성우 전법선사 전함 / 제76조 만공 월면 선법선사 받음

77조 전강 영신(田岡 永信) 전법선사

전법게

불조도 전한 바 없어서 　　佛祖未曾傳
나 또한 얻은 바 없음을… 　　我亦無所得
가을빛 저물어 가는 날에 　　此日秋色暮
뒷산의 원숭이가 울고 있네 　　猿嘯在後峰

* 제76조 만공 월면 전법선사 전함 / 제77조 전강 영신 전법선사 받음

78대 대원 문재현(大圓 文載賢) 전법선사

전법게

부처와 조사도 일찍이 전한 것이 아니거늘 　　佛祖未曾傳
나 또한 어찌 받았다 하며 준다 할 것인가 　　我亦何受授
이 법이 2천년대에 이르러서 　　此法二千年
널리 천하 사람을 제도하리라 　　廣度天下人

부송(付頌)

어상을 내리지 않고 이러-히 대한다 함이여 　　不下御床對如是
뒷날 돌아이가 구멍 없는 피리를 불리니 　　後日石兒吹無孔
이로부터 불법이 천하에 가득하리라 　　自此佛法滿天下

* 제77조 전강 영신 전법선사 전함 / 제78대 대원 문재현 전법선사 받음

이 오도송과 전법게는 대원 문재현 선사님께서 법리에 맞도록 새롭게 번역한 것입니다.

불조정맥 제 77조 대한불교 조계종 전강 대선사님께서는, 16세에 출가하여 23세 때 첫 깨달음을 얻고 25세에 인가를 받으셨다. 당대의 7대 선지식인 만공, 혜봉, 혜월, 한암, 금봉, 보월, 용성 선사님의 인가를 한 몸에 받으셨으며, 이 중 만공 선사님께 전법계를 받아 그 뒤를 이으셨다. 당대의 선지식들이 모두 극찬할 정도로 그 법이 뛰어나서 '지혜제일 정전강'이라 불렸다.

33세의 최연소의 나이로 통도사 조실을 하셨고, 법주사, 망월사, 동화사, 범어사, 천축사, 용주사, 정각사 등 유명선원 조실을 역임하시고 인천 용화사 법보선원의 조실로 일생을 마치셨다.

1975년 1월 13일, 용화사 법보선원의 천여 명 대중 앞에서 "어떤 것이 생사대사(生死大事)인고?" 자문한 후에 "악! 구구는 번성(翻成) 팔십일이니라."라고 법문한 뒤, 눈을 감고 좌탈입망하셨다.

다비를 하던 날, 화려한 불빛이 일고 정골에서 구슬 같은 사리가 무수히 나왔다. 열반하시기까지 한결같이 공안 법문으로 최상승법을 드날리셨으니 그 투철한 깨달음과 뛰어난 법, 널리 교화하기를 그치지 않으셨던 점에 있어서 한국 근대 선종의 거목이라 일컬어지고 있다.

불조정맥 제78대 대원 문재현 전법선사님
– 양대 강맥 전강대법회에서 법문 중 할을 하시는 모습

오로지 정법만을 깨닫기 서원합니다.

입을 열면 정법만을 설하기 서원합니다.

중생이 다하는 그날까지 교화하기 서원합니다.

–대원 문재현 전법선사의 3대 서원

불교 8대 선언문

불교는 자신에게서 영생을 발견하게 하는 유일한 종교이다.

불교는 자신에게서 모든 지혜를 발견하게 하는 유일한 종교이다.

불교는 자신에게서 모든 능력을 발견하게 하는 유일한 종교이다.

불교는 자신에게서 모든 것을 이루게 하는 유일한 종교이다.

불교는 자신에게서 극락을 발견하게 하는 유일한 종교이다.

불교는 깨달으면 차별 없어 평등하다고 하는 유일한 종교이다.

불교는 모든 억압 없이 자신감을 갖게 하는 유일한 종교이다.

불교는 그러므로 온 누리에 영원한 만인의 종교이다.

– 대원 문재현 전법선사 주창

전세계의 불교계에서 통일시켜야 할 일

경전의 말씀대로 32상과 80종호를 갖춘 불상으로 통일해야 한다.

예불 드리는 법을 통일해야 한다.

불공의식을 통일해야 한다.

– 대원 문재현 전법선사 주창

2015년 성불사 국제정맥선원 하계수련회 중 대원 문재현 선사님의 선화지도

대방광불화엄경
大方廣佛華嚴經

제 11 권

비로자나품
毘盧遮那品

도서출판 문젠(구, 바로보인)은 정맥선원에서 운영하고 있습니다.

* 인제산(人濟山) 성불사(成佛寺) 국제정맥선원
  경기도 포천시 내촌면 소리개길 86-178 ☎ 031-531-8805
* 인제산(人濟山) 이룬절 포천정맥선원
  경기도 포천시 내촌면 소리개길 86-123 ☎ 031-532-1918
* 도봉산(道峯山) 도봉정사(道峯精舍) 서울정맥선원
  서울시 도봉구 도봉로 921 문젠빌딩 2층 ☎ 02-3494-0122
* 백양산(白楊山) 자모사(慈母寺) 부산정맥선원
  부산시 동래구 아시아드대로 114번길 10 대륙코리아나 2층 212호 ☎ 051-503-6460
* 자모산(慈母山) 육조사(六祖寺) 청도정맥선원
  경북 청도군 매전면 동산리 산 50 ☎ 010-4543-2460
* 광암산(光巖山) 성도사(成道寺) 광주정맥선원
  광주광역시 광산구 삼도광암길 34 ☎ 062-944-4088
* 대통산(大通山) 대통사(大通寺) 해남정맥선원
  전남 해남군 화산면 송계길 132-98 중정마을 ☎ 061-536-6366

바로보인 불법 ㉝

화 엄 경 11권

초판 1쇄 펴낸날 단기 4350년. 불기 3044년. 서기 2017년 4월 20일

역 저	**대원 문재현 선사**
펴 낸 곳	도서출판 문젠(Moonzen Press)
	11192, 경기도 포천시 내촌면 소리개길 86-178
	전화 031-534-3373 팩스 031-533-3387
신 고 번 호	2010.11.24. 제2010-000004호
윤 문 교 정	진성 윤주영. 증연 강영미
편 집 제 작	도명 정행태
전자책 제작	도향 하가연
표 지 그 림	현정(玄楨)
인 쇄	가람문화사

도서출판문젠   www.moonzenpress.com
정 맥 선 원   www.zenparadise.com
사막화방지국제연대(IUPD)   www.iupd.org

값 15,000원
ISBN 978-89-6870-011-8 04220
ISBN 978-89-6870-000-2 (전81권)

華嚴十無頌 화엄십무송

- 대원 문재현 선사

無相法性常顯前
상이 없는 법성은 언제나 드러나 있고

無性諸法如谷響
성품이 없는 모든 법은 골짜기에 메아리 같도다

無外作處是自在
밖이 없이 짓는 곳을 이 자재라 하는 것이니

無非華嚴大道場
화엄 대도량 아님이 없음이로다

無窮無盡光神通
궁구할 수 없고 다함 없는 광명의 신통에서

無不出生三千界
삼천대천세계가 나오지 않음이 없도다

無碍相卽大自在
걸림이 없이 서로 즉한 대자재여

無爲之法是日常
함이 없는 법이 일상이로다

無有定法隨狀況
정한 법 없어 상황을 따름이여

無上無爲妙菩提
위 없고 함이 없는 묘보리로다

바로보인 불법 ㊳

화엄경(華嚴經) 11권

대원 문재현 선사 역저

六、비로자나품
(毘盧遮那品)

서 문

가없이 크고 넓어 광대함이여!
모양 없는 그 가운데 본래 갖춤
증득한 지혜인이라야 아네

남섬부주 일체의 나툼이여
본래의 갖춤에 비하자면
천만억분의 일도 안 된다네

이러-히 온통 온통함이여!
모두 갖춘 본연한 이 장엄을
'대방광불화엄'이라 하네

단기(檀紀) 4345년
불기(佛紀) 3039년

무등산인 대원 문재현
(無等山人 大圓 文載賢)

차 례

일러두기

1. 화엄경 본문을 지나치게 세밀하게 나누어 긴 주해를 싣지 않은 것은 그로 해서 원문의 흐름이 끊어지게 되지 않을까 하는 우려에서이다. 이런 까닭에 다만 수없이 장고(長考)하며 최대한 원문에 충실하게 번역하고 각권의 마지막이나 각품의 마지막에만 결문(結文)을 더하였다. 화엄경 본문이 이치적으로 더할 나위 없이 샅샅이 불화엄의 화장세계를 밝힌 것이라면 결문은 화엄경의 화장세계를 선(禪) 도리로 간략히 바로 끊어 보인 것이다. 이로써 경의 본뜻이 굴절 없이 전달되어 화엄의 세계가 독자의 세계가 되기를 바란다.

2. 요즈음 화엄경을 접한 이들이 최고의 경전이라 불리는 화엄경 첫머리부터 '신(神)'이라는 호칭으로 기록된 분들이 많은 것을 보고 의아하게 생각하는 경우가 있다. 화엄경의 첫머리인 세주묘엄품을 보면 이 '신(神)'이라는 호칭으로 기록된 분들이 불보살님의 화현이거나 보살마하살의 경지에서 행하는 분들임을 알 수 있다. 이런 까닭에 이 책에서는 '신(神)'을 '천제(天帝)'로 번역하였다. 예를 들면, '집금강신'은 '집금강천제'로 의역하였다. 천제는 그 세계를 다스리고 교화하는 분, 곧 깨달아, 삼매와 지혜와 덕과 신통과 방편과 변재를 갖추어서 다스리고 교화하는 분을 말한다.

3. 미주는 *로 표시하였다.

六 비로자나품

爾時 普賢菩薩 復告大衆言 諸佛子 乃往古世 過世界微塵
數劫 復倍是數 有世界海 名普門淨光明 此世界海中 有世
界 名勝音 依摩尼華網海住 須彌山微塵數世界 而爲眷屬
其形 正圓 其地 具有無量莊嚴 三百重衆寶樹輪圍山 所共
圍繞 一切寶雲 而覆其上 清淨無垢 光明照耀 城邑宮殿 如
須彌山 衣服飲食 隨念而至 其劫名 曰種種莊嚴 諸佛子 彼
勝音世界中 有香水海 名淸淨光明 其海中 有大蓮華須彌
山 出現 名華焰普莊嚴幢 十寶欄楯 周帀圍繞

보현보살이 과거 겁의 승음세계에 대해 말하다

이때 보현보살이 다시 대중에게 말하였다.

"모든 불자여, 이미 지나간 옛 세상에 세계 가는 티끌 수만큼의 겁을 지나고 다시 이 수를 더하여 세계바다가 있었으니 이름이 보문정광명이고, 이 세계바다 가운데 세계가 있었으니 이름이 승음이니라.

마니꽃그물바다를 의지해 머물면서, 수미산 가는 티끌 수만큼의 세계로 권속을 삼았느니라. 그 형상이 원형이고, 그 땅에는 한량없는 장엄이 갖추어져 있으며, 삼백 겹의 온갖 보배나무 윤위산이 함께 둘러싸고 있고, 일체 보배구름이 그 위를 덮고 있으며, 청정하여 티 없는 광명이 비치어 빛나고, 성읍과 궁전은 수미산과 같으며, 의복과 음식이 생각하는 대로 이르르니, 그 겁의 이름이 종종장엄이니라.

모든 불자여, 그 승음세계 가운데 향수해가 있었으니 이름이 청정광명이니라. 그 바다 가운데 큰 연꽃수미산이 나타나 있었으니 이름이 화염보장엄당이요, 열 가지 보배난간이 주위를 둘러싸고 있었느니라.

於其山上　有一大林　名摩尼華枝輪　無量華樓閣　無量寶臺觀　周迴布列　無量妙香幢　無量寶山幢　逈極莊嚴　無量寶芬陀利華　處處敷榮　無量香摩尼蓮華網　周帀垂布　樂音　和悅香雲　照耀　數各無量　不可紀極　有百萬億那由他城　周帀圍繞　種種衆生　於中止住　諸佛子　此林東　有一大城　名焰光明　人王所都　百萬億那由他城　周帀圍繞　清淨妙寶　所共成立

그 산 위에 큰 숲이 있었는데 이름이 마니화지륜이니라. 한량없는 꽃누각과 한량없는 보배누대가 주위에 열지어 펼쳐짐을 보이고, 한량없는 묘한 향당기*와 한량없는 보배산당기가 멀리 끝까지 장엄되어 있으며, 한량없는 보배분타리꽃*이 곳곳에 피어 무성하고, 한량없는 향마니연꽃그물이 빙 둘러싸 드리워져 있으며, 음악소리가 마음을 화평하고도 기쁘게 하고, 향구름이 빛났으니, 각각 수가 한량없고 끝이 없었느니라. 백만억 나유타 수의 성이 주위를 둘러싸고 있는데, 갖가지 중생이 그 가운데 머물러 살고 있었느니라.

모든 불자여, 이 숲 동쪽에 큰 성이 있었으니 이름이 염광명이니라. 인간 왕이 거처하는 도읍이고, 백만억 나유타 수의 성이 주위를 둘러싸고 있는데 청정하고 묘한 보배로 이루어져 있었느니라.

縱廣 各有七千由旬 七寶爲郭 樓櫓却敵 悉皆崇麗 七重寶
塹 香水盈滿 優鉢羅華 波頭摩華 拘物頭華 芬陀利華 悉
是衆寶 處處分布 以爲嚴飾 寶多羅樹 七重圍繞 宮殿樓閣
悉寶莊嚴 種種妙網 張施其上 塗香散華 芬瑩其中 有百萬
億那由他門 悉寶莊嚴 一一門前 各有四十九寶尸羅幢 次
第行列 復有百萬億園林 周帀圍繞 其中 皆有種種雜香 摩
尼樹香 周流普熏 衆鳥和鳴 聽者歡悅

그 길이와 넓이가 각각 칠천 유순이고, 칠보로 성곽이 이루어져 있으며, 망루도 모두 다 높고 아름다우며, 일곱 겹의 보배못에 향수가 가득차 있고, 우발라꽃, 파두마꽃, 구물두꽃, 분타리꽃 등 온갖 보배가 곳곳에 널리 퍼져 화려하게 꾸며져 있었느니라.

보배다라수(多羅樹)가 일곱 겹으로 둘러싸고 있고, 궁전과 누각이 다 보배로 장엄되어 있으며, 갖가지 신묘한 그물이 그 위에 펼쳐져 있었느니라. 바르는 향과 흩날리는 꽃으로 향기롭고 밝은 그 가운데 백만억 나유타 수의 문이 있는데, 모두 보배로 장엄되었고 낱낱의 문 앞에 각각 마흔아홉 가지 보배시라당기가 차례로 줄지어 있었느니라.

또한 백만억 동산과 숲이 주위를 둘러싸고 있는데, 그 가운데 갖가지로 섞인 향기와 마니나무 향기가 두루 퍼져 널리 스며들고, 온갖 새들이 서로 응해 노래 불러, 듣는 이들을 기쁘고 즐겁게 하였느니라.

此大城中所有居人 靡不成就業報神足 乘空往來 行同諸天 心有所欲 應念皆至 其城次南 有一天城 名樹華莊嚴 其次 右旋 有大龍城 名曰究竟 次有夜叉城 名金剛勝妙幢 次有 乾闥婆城 名曰妙宮 次有阿修羅城 名曰寶輪 次有迦樓羅 城 名妙寶莊嚴 次有緊那羅城 名遊戲快樂 次有摩睺羅城 名金剛幢 次有梵天王城 名種種妙莊嚴 如是等 百萬億那 由他數 此一一城 各有百萬億那由他樓閣 所共圍繞 一一 皆有無量莊嚴

이 큰 성 가운데 살고 있는 사람들은 업보로 신족통을 성취하지 않은 이가 없어서 허공에 올라 왕래하기를 모든 천상인들*과 같이 하며, 마음에 하고자 하는 바가 있으면 생각한 대로 다 이르렀느니라.

그 성의 다음 남쪽에 하늘성이 있었으니 이름이 수화장엄이고, 그 다음 오른쪽으로 돌아서 큰 용의 성이 있었으니 이름이 구경이며, 다음에 야차성이 있었으니 이름이 금강승묘당이고, 다음에 건달바성이 있었으니 이름이 묘궁이며, 다음에 아수라성이 있었으니 이름이 보륜이고, 다음에 가루라성이 있었으니 이름이 묘보장엄이며, 다음에 긴나라성이 있었으니 이름이 유희쾌락이고, 다음에 마후라성이 있었으니 이름이 금강당이며, 다음에 범천왕성이 있었으니 이름이 종종묘장엄이니라.

이와 같은 등, 백만억 나유타 수의 이 낱낱 성을 각각 백만억 나유타 수의 누각이 함께 둘러싸고 있는데, 낱낱이 다 한량없는 장엄이 되어 있었느니라.

諸佛子　此寶華枝輪大林之中　有一道場　名寶華徧照　以衆
大寶　分布莊嚴　摩尼華輪　徧滿開敷　燃以香燈　具衆寶色　焰
雲彌覆　光網普照　諸莊嚴具　常出妙寶　一切樂中　恒奏雅音
摩尼寶王　現菩薩身　種種妙華　周徧十方　其道場前　有一大
海　名香摩尼金剛　出大蓮華　名華藥焰輪　其華廣大　百億由
旬　莖葉鬚臺　皆是妙寶　十不可說百千億那由他蓮華　所共
圍繞　常放光明　恒出妙音　周徧十方

모든 불자여, 이 보화지륜 큰 숲 가운데 한 도량이 있었으니 이름이 보화변조니라. 온갖 큰 보배가 퍼져 장엄되어 있고, 마니화륜이 두루 가득 피어 펼쳐져 있으며, 타오르는 향기등불과 온갖 보배색을 갖춘 불꽃구름이 널리 덮여 있고, 광명그물이 널리 비추며, 모든 장엄구와 묘한 보배를 항상 내고, 일체의 음악 가운데는 항상 아름다운 음악이 연주되며, 마니보배왕*이 보살의 몸을 나투고, 갖가지 신묘한 꽃이 시방에 두루하였느니라.

그 도량 앞에 큰 바다가 있었으니 이름은 향마니금강이고, 큰 연꽃이 났는데 이름은 화예염륜이니라. 그 꽃의 넓고 크기가 백억 유순이고, 줄기, 잎, 수염, 화대가 다 신묘한 보배로 되어 있으며, 십불가설 백천억 나유타 수의 연꽃들이 함께 둘러싸고 있는데, 항상 광명을 놓고 신묘한 소리를 내어서 시방에 두루하였느니라.”

諸佛子 彼勝音世界最初劫中 有十須彌山微塵數如來 出興
於世 其第一佛 號一切功德山須彌勝雲 諸佛子 應知彼佛
將出現時一百年前 此摩尼華枝輪大林中一切莊嚴 周徧淸淨
所謂出不思議寶焰雲 發歎佛功德音 演無數佛音聲 舒光布
網 彌覆十方 宮殿樓閣 互相照耀 寶華光明 騰聚成雲 復出
妙音 說一切衆生 前世所行廣大善根 說三世一切諸佛名號
說諸菩薩 所修願行究竟之道 說諸如來 轉妙法輪種種言辭

승음세계 최초의 겁 가운데 첫째 일체공덕산수미 승운 부처님께서 출현하시다

"모든 불자여, 그 승음세계 최초의 겁 가운데 열 수미산 가는 티끌 수만큼의 여래*가 세상에 출현하셨으니 그 첫째 부처님의 명호는 일체공덕산수미승운이니라.

모든 불자여, 마땅히 알라. 그 부처님이 출현하시기 백년 전에 이 마니화지륜 큰 숲 가운데 일체 장엄이 두루 청정하였으니, 부사의한 보배불꽃구름이 출현하여 부처님 공덕을 찬탄하는 소리를 내고, 수없는 부처님의 음성을 펴는 빛이 그물처럼 펼쳐져 널리 시방을 덮고 있었느니라.

궁전과 누각이 서로 비추어 빛나고, 보배꽃광명이 올라가 모인 것이 구름을 이루어 다시 신묘한 소리를 내어서, 일체 중생이 전생에서 행한 광대한 선근을 설하고, 삼세 일체 모든 부처님의 명호를 설하며, 모든 보살이 닦은 서원행*과 구경의 도를 설하고, 모든 여래께서 굴리신 신묘한 법륜을 갖가지 말로 설하였느니라.

現如是等莊嚴之相 顯示如來 當出於世 其世界中一切諸王
見此相故 善根成熟 悉欲見佛 而來道場 爾時 一切功德山
須彌勝雲佛 於其道場大蓮華中 忽然出現 其身 周普 等眞
法界 一切佛刹 皆示出生 一切道場 悉詣其所 無邊妙色 具
足淸淨 一切世間 無能映奪 具衆寶相 一一分明 一切宮殿
悉現其像 一切衆生 咸得目見 無邊化佛 從其身出 種種色
光 充滿世界

이와 같은 등으로 장엄한 모습을 나투어 여래께서 장차 그 세상에 출현할 것을 나타내 보였으니 그 세계 가운데의 일체 모든 왕이 이 모습을 본 까닭에, 선근이 성숙하여 다 부처님을 뵙고자 도량에 왔느니라.

이때 일체공덕산수미승운 부처님께서 그 도량의 큰 연꽃 가운데 홀연히 출현하셨는데, 그 몸이 두루 변만하여 참 법계와 같았으니, 일체 부처님세계에 다 출생함을 보이고, 일체 도량에 다 나아가 가없이 신묘한 색을 청정하게 구족하여, 일체 세간이 덮어 가리거나 빼앗을 수 없었느니라.

온갖 보배로운 모습을 갖추어 낱낱이 분명하게 일체 궁전에 다 그 형상을 나타내시니, 일체 중생이 모두 눈으로 볼 수 있었고, 가없는 화신 부처님의 그 몸으로부터 나오는 갖가지 색의 광명이 세계에 충만하였느니라.

如於此淸淨光明香水海華焰莊嚴幢須彌頂上摩尼華枝輪大林中　出現其身　而坐於座　其勝音世界　有六十八千億須彌山頂　悉亦於彼　現身而坐　爾時彼佛　卽於眉間　放大光明其光　名發起一切善根音　十佛刹微塵數光明　而爲眷屬　充滿一切十方國土　若有衆生　應可調伏　其光照觸　卽自開悟息諸惑熱　裂諸蓋網　摧諸障山　淨諸垢濁　發大信解　生勝善根　永離一切諸難恐怖　滅除一切身心苦惱　起見佛心　趣一切智

이 청정광명향수해의 화염장엄당수미정상마니화지륜 큰 숲 가운데에 그 몸을 나투어 자리에 앉으신 것과 같이, 그 승음세계에 육십팔천억 수미산 정상이 있었으니 모두 거기에도 또한 그 몸을 나투어 앉으셨느니라.

이때 그 부처님께서 곧 미간에서 큰 광명을 놓으시니, 그 광명의 이름은 발기일체선근음이니라.

열 부처님 세계 가는 티끌 수만큼의 광명으로 권속을 삼아 일체 시방 국토에 충만하니, 만약 어떤 중생이 마땅히 조복하면 그 광명이 비치어 닿아 곧 스스로 깨닫게 되고, 모든 미혹의 열기가 쉬어지며, 모두 덮인 그물을 찢고, 모든 장애의 산을 꺾어버리며, 모든 더럽고 탁한 것을 청정하게 하고, 크게 믿어 깨달음을 발하며, 수승한 선근을 낳고, 일체 모든 근심과 공포를 영원히 여의며, 일체 몸과 마음의 괴로움을 없애버리고, 부처님을 뵙고자 하는 마음을 일으켜서 일체지에 나아가게 되느니라.

時 一切世間主 幷其眷屬無量百千 蒙佛光明 所開覺故 悉
詣佛所 頭面禮足

이때 일체 세간의 임금과 그 한량없는 백천의 권속들이 함께 부처님의 광명을 받고 깨닫게 되었으므로 다 부처님 처소에 나아가 머리를 발에 대어 예를 행하였느니라.[*]

諸佛子　彼焰光明大城中　有王　名喜見善慧　統領百萬億那
由他城　夫人婇女　三萬七千人　福吉祥　爲上首　王子五百人
大威光　爲上首　大威光太子　有十千夫人　妙見　爲上首　爾
時　大威光太子　見佛光明已　以昔所修善根力故　卽時　證得
十種法門　何謂爲十　所謂證得一切諸佛功德輪三昧　證得一
切佛法普門陀羅尼　證得廣大方便藏般若波羅蜜　證得調伏
一切衆生大莊嚴大慈　證得普雲音大悲　證得生無邊功德最
勝心大喜　證得如實覺悟一切法大捨

승음세계 대위광태자가 일체공덕산수미승운 부처
님의 광명을 보고 열 가지 법문을 증득한 후 계송
으로 말하다

"모든 불자여, 그 염광명 큰 성 가운데 왕이 있었으니 이
름이 희견선혜이고, 백만억 나유타 수의 성을 통괄하여 다
스렸느니라. 부인과 채녀가 삼만 칠천 명이었으니 복길상
이 가장 윗사람이 되고, 왕자가 오백 명이었으니 대위광이
가장 윗사람이 되며, 대위광 태자에게 만 명의 부인이 있
었으니 묘견이 가장 윗사람이 되었느니라.

이때 대위광 태자가 부처님의 광명을 보고 나서 옛적에
닦은 선근의 힘으로 곧 열 가지 법문을 증득했으니, 어떤
것을 일러 열 가지라고 하는가?

일체 모든 부처님의 공덕륜삼매를 증득하였고, 일체 불법
의 보문다라니를 증득했으며, 광대한 방편장인 '지혜로 저
언덕에 이르름'을 증득하였고, 일체 중생을 조복시켜 크게
장엄하는 대자(大慈)*를 증득했으며, 널리 법음을 자재하는*
대비(大悲)를 증득하였고, 끝없는 공덕을 내는 가장 수승한
마음인 대희(大喜)를 증득했으며, 일체 법을 여실하게 깨달
아 대사(大捨)를 증득하였고,

證得廣大方便平等藏大神通 證得增長信解力大願 證得普
入一切智光明辯才門 爾時 大威光太子 獲得如是法光明已
承佛威力 普觀大衆 而說頌言

世尊坐道場
清淨大光明
譬如千日出
普照虛空界

광대한 방편과 평등한 보배장*의 큰 신통을 증득했으며, 믿어 아는 힘을 더욱 자라게 하는 큰 서원을 증득하였고, 일체 지혜광명에 널리 들어가게 하는 변재의 문을 증득하였느니라.

이때 대위광 태자가 이와 같은 법의 광명을 얻고 나서 부처님의 위신력*을 받아서 대중을 널리 관하고 게송으로 말하였느니라.

세존께서 도량에 앉아 계시니
청정한 큰 광명이
마치 천 개의 해가 나타나
허공계를 널리 비추는 듯하네

無量億千劫
導師時乃現
佛今出世間
一切所瞻奉

汝觀佛光明
化佛難思議
一切宮殿中
寂然而正受

汝觀佛神通
毛孔出焰雲
照耀於世間
光明無有盡

한량없는 억천 겁에
도사가 때맞추어 나타나셨듯
부처님께서 이제 세상에 출현하시니
모든 이가 우러러 받드네

그대들 부처님의 광명을 관하라
화현한 부처님, 생각으로는 밝히기 어려우니
일체 궁전 가운데
고요히 삼매에 계시네

그대들 부처님의 신통을 관하라
털구멍에서 불꽃구름이 나와
세간을 환하게 비추어 빛나니
광명이 다함 없다네

汝應觀佛身
光網極清淨
現形等一切
徧滿於十方

妙音徧世間
聞者皆欣樂
隨諸衆生語
讚歎佛功德

世尊光所照
衆生悉安樂
有苦皆滅除
心生大歡喜

그대들 부처님 몸을 관하라
광명그물이 지극히 청정하여
형상 나투기를 일체와 같이 해서
시방에 두루 가득하네

묘한 소리 세간에 두루해서
듣는 이 모두 기뻐하며
모든 중생이 말을 따라
부처님의 공덕을 찬탄하네

세존의 광명이 비치는 곳은
중생들이 모두 편안하고 즐거워하며
고통이 모두 없어져서
마음에 큰 환희심을 내네

觀諸菩薩衆

十方來萃止

悉放摩尼雲

現前稱讚佛

道場出妙音

其音極深遠

能滅衆生苦

此是佛神力

一切咸恭敬

心生大歡喜

共在世尊前

瞻仰於法王

모든 보살 대중을 관하라
시방에서 모여와 머물면서
모두가 마니구름을 놓으며
목전에 계신 부처님을 찬탄하네

도량에서 신묘한 소리 나오는데
그 소리가 매우 심오하여
중생들의 고통을 없애주니
이것이 부처님의 위신력이네

모두가 다 함께 공경하여
마음에 큰 환희심을 내어
세존 앞에서 다 같이
법왕을 우러러보네

諸佛子 彼大威光太子 說此頌時 以佛神力 其聲 普徧勝音
世界 時 喜見善慧王 聞此頌已 心大歡喜 觀諸眷屬 而說
頌言

汝應速召集
一切諸王衆
王子及大臣
城邑宰官等

普告諸城內
疾應擊大鼓
共集所有人
俱行往見佛

모든 불자여, 그 대위광 태자가 이 게송을 말할 때에, 부처님의 위신력으로 그 음성이 승음세계에 널리 두루하였느니라.

　이때에 희견선혜왕이 이 게송을 듣고 나서 마음에 큰 환희심을 내어 모든 권속을 관하고 게송으로 말하였느니라.

그대들 속히 불러 모으라
일체 모든 왕과
왕자와 대신이며
성읍의 관리 등을

모든 성 안에 널리 알리기 위해
빨리 응당 큰 북을 치고
모든 사람을 함께 모아
다 같이 가서 부처님을 친견하라

一切四衢道
悉應鳴寶鐸
妻子眷屬俱
共往觀如來

一切諸城郭
宜令悉淸淨
普建勝妙幢
摩尼以嚴飾

寶帳羅衆網
妓樂如雲布
嚴備在虛空
處處令充滿

일체 사거리에
모두 응당 보배방울 울리면서
처자와 권속 모두
함께 가서 여래를 친견하라

일체 모든 성곽을
마땅히 모두 청정케 하고
뛰어나고 신묘한 당기를 널리 세워
마니로 장엄하라

보배휘장과 온갖 그물 펼치고
풍악과 무희를 구름처럼 베풀어
허공에 장엄하여 갖춰두어
곳곳을 충만하게 하라

道路皆嚴淨
普雨妙衣服
巾馭汝寶乘
與我同觀佛

各各隨自力
普雨莊嚴具
一切如雲布
徧滿虛空中

香焰蓮華蓋
半月寶瓔珞
及無數妙衣
汝等皆應雨

도로까지도 다 청정하게 장엄하고
묘한 의복을 널리 비 내리듯 하며
그대들은 보배수레를 몰아
나와 함께 다 같이 부처님을 뵈러 가세

각각 자기 능력대로
장엄구를 널리 비 내리듯 하여
일체에 구름 퍼지듯
허공에 두루 가득하게 하라

향불꽃과 연꽃일산과
반달 같은 보배영락*과
수없는 묘한 옷들을
그대들은 다 응당 비 내리듯 하라

須彌香水海
上妙摩尼輪
及淸淨栴檀
悉應雨滿空

衆寶華瓔珞
莊嚴淨無垢
及以摩尼燈
皆令在空住

一切持向佛
心生大歡喜
妻子眷屬俱
往見世所尊

수미산과 향수해에
가장 묘한 마니륜과
청정한 전단을
모두 허공에 가득히 비 내리듯 하라

온갖 보배꽃과 영락으로
청정하게 장엄해서 티가 없게 하고
마니의 등으로
모두 허공에 살게 하라

일체 것을 가져와서 부처님을 향하면
마음에 큰 환희심이 나니
처자와 권속들과 함께 가서
세상에서 존귀한 이를 볼 것이니라

爾時 喜見善慧王 與三萬七千夫人采女 俱 福吉祥 爲上首
五百王子 俱 大威光 爲上首 六萬大臣 俱 慧力 爲上首 如
是等七十七百千億那由他衆 前後圍繞 從焰光明大城出 以
王力故 一切大衆 乘空而往 諸供養具 徧滿虛空 至於佛所
頂禮佛足 却坐一面 復有妙華城善化幢天王 與十億那由他
眷屬 俱 復有究竟大城淨光龍王 與二十五億眷屬 俱 復有
金剛勝幢城猛健夜叉王 與七十七億眷屬 俱 復有無垢城喜
見乾闥婆王 與九十七億眷屬 俱 復有妙輪城淨色思惟阿修
羅王 與五十八億眷屬 俱

이때 희견선혜왕이 삼만 칠천 명의 부인과 채녀들과 함께
하였으니 복길상이 가장 윗사람이 되고, 오백 명의 왕자와
함께하였으니 대위광이 가장 윗사람이 되며, 육만 명의 대
신들과 함께하였으니 혜력이 가장 윗사람이 되었느니라.

이와 같은 등 칠십칠 백천억 나유타 수의 대중들에게 앞
뒤로 둘러싸여 염광명 큰 성에서 나왔는데 왕의 힘으로
모든 대중이 다 허공에 올라서 가니 모든 공양구가 허공
에 두루 가득하였고, 부처님 처소에 이르르자 부처님 발에
이마를 대어 절하고 물러나 한쪽에 앉았느니라.

다시 묘화성의 선화당천왕이 있어 십억 나유타 수의 권
속들과 함께하였고, 다시 구경대성의 정광용왕이 있어 이
십오억 권속들과 함께하였으며, 다시 금강승당성의 맹건야
차왕이 있어 칠십칠억 권속들과 함께하였고, 다시 무구성
의 희견건달바왕이 있어 구십칠억 권속들과 함께하였으며,
다시 묘륜성의 정색사유 아수라왕이 있어 오십팔억 권속
들과 함께하였고,

復有妙莊嚴城十力行迦樓羅王 與九十九千眷屬 俱 復有遊
戲快樂城金剛德緊那羅王 與十八億眷屬 俱 復有金剛幢城
寶稱幢摩睺羅伽王 與三億百千那由他眷屬 俱 復有淨妙莊
嚴城最勝梵王 與十八億眷屬 俱 如是等百萬億那由他大城
中 所有諸王 并其眷屬 悉共往詣一切功德須彌勝雲如來所
頂禮佛足 却坐一面 時彼如來 爲欲調伏諸衆生故 於衆會
道場海中 說普集一切三世佛自在法修多羅 世界微塵數修
多羅 而爲眷屬 隨衆生心 悉令獲益

다시 묘장엄성의 십력행가루라왕이 있어 구십구천 권속들과 함께하였으며, 다시 유희쾌락성의 금강덕긴나라왕이 있어 십팔억 권속들과 함께하였고, 다시 금강당성의 보칭당 마후라가왕이 있어 삼억 백천 나유타 수의 권속들과 함께하였으며, 다시 정묘장엄성의 최승범왕이 있어 십팔억 권속들과 함께하였느니라.

　이와 같은 등, 백만억 나유타 수의 큰 성 가운데 있는 모든 왕과 그 권속들이 다 함께 일체공덕수미승운 여래의 처소에 나아가서 부처님 발에 절하고 물러나 한쪽에 앉았느니라.

　이때 그 여래께서 모든 중생을 조복시키고자 하신 까닭에 대중모임 도량바다 가운데에서 모든 삼세 부처님의 자재한 법을 널리 모은 경전*을 설하시니, 세계 가는 티끌 수만큼의 경전으로 권속을 삼아 중생들의 마음을 따라 다 이로움을 얻게 하셨느니라."

是時 大威光菩薩 聞是法已 卽獲一切功德須彌勝雲佛 宿
世所集法海光明 所謂得一切法聚平等三昧智光明 一切法悉
入最初菩提心中住智光明 十方法界普光明藏淸淨眼智光明
觀察一切佛法大願海智光明 入無邊功德海淸淨行智光明 趣
向不退轉大力速疾藏智光明 法界中無量變化力出離輪智光
明 決定入無量功德圓滿海智光明 了知一切佛決定解莊嚴成
就海智光明 了知法界無邊佛現一切衆生前神通海智光明 了
知一切佛力無所畏法智光明

승음세계 대위광보살이 일체공덕수미승운 부처님 의 법문을 듣고 그 부처님께서 숙세에 모으신 법 해의 광명을 얻어 게송으로 말하다

"이때 대위광보살이 이 법을 듣고 나서 곧 일체공덕수미 승운 부처님께서 숙세에 모으신 법해*의 광명을 얻었으니, 일체 법취*의 평등삼매인 지혜광명과, 일체 법이 다 최초 보리심 가운데 들어가 머무는 지혜광명과, 시방 법계의 넓 은 광명장인 청정한 눈의 지혜광명과, 일체 불법의 큰 서 원바다를 관찰하는 지혜광명과, 가없는 공덕바다에 들어가 는 청정한 행의 지혜광명과, 불퇴전하는 큰 힘으로 빠르게 보배장을 향해 나아가는 지혜광명과, 법계 가운데 한량없 이 변화하는 힘으로 벗어나는 바퀴의 지혜광명과, 한량없 는 공덕이 원만한 바다에 결정코 들어가는 지혜광명과, 일 체 부처님께서 결정적인 깨달음으로 장엄을 성취한 바다 를 밝게 아는 지혜광명과, 법계의 가없는 부처님들께서 일 체 중생 앞에 나투는 신통바다를 밝게 아는 지혜광명과, 일체 부처님의 힘과 두려울 바 없는 법을 밝게 아는 지혜 광명을 얻었느니라.

爾時 大威光菩薩 得如是無量智光明已 承佛威力 而說頌言

我聞佛妙法
而得智光明
以是見世尊
往昔所行事

一切所生處
名號身差別
及供養於佛
如是我咸見

이때 대위광보살이 이와 같이 한량없는 지혜광명을 얻고
나서 부처님의 위신력을 받아서 게송으로 말하였느니라.

　내가 부처님의 묘한 법을 듣고
　지혜광명을 얻음으로써
　세존의 지난 옛적
　행하신 일을 보네

　일체 태어났던 곳과
　명호와 몸의 차별과
　부처님께 공양 올렸던 것
　이와 같은 것을 내가 모두 본다네

往昔諸佛所
一切皆承事
無量劫修行
嚴淨諸刹海

捨施於自身
廣大無涯際
修治最勝行
嚴淨諸刹海

耳鼻頭手足
及以諸宮殿
捨之無有量
嚴淨諸刹海

지난 옛적 모든 부처님의 처소에서
모두를 다 받들어 섬기면서
한량없는 겁 동안 수행하여
모든 세계를 청정하게 장엄하셨네

자신을 버리어 보시한 일
광대하여 가없고 끝없으니
가장 수승한 행을 닦아 익혀
모든 세계를 청정하게 장엄하셨네

귀와 코와 머리와 손과 발
그리고 모든 궁전까지
한량없이 베풀어
모든 세계를 청정하게 장엄하셨네

能於一一刹

億劫不思議

修習菩提行

嚴淨諸刹海

普賢大願力

一切佛海中

修行無量行

嚴淨諸刹海

如因日光照

還見於日輪

我以佛智光

見佛所行道

저 낱낱 국토에서
부사의한 억겁 동안
보리행을 닦아 익힘으로
모든 세계를 청정하게 장엄하셨네

보현보살 큰 원력으로
일체 광대한 부처님세계* 가운데에서
한량없는 행을 닦아 행하여
모든 세계를 청정하게 장엄하셨네

마치 태양광명이 비침으로 해서
도리어 해를 보는 것과 같이
내가 부처님의 지혜광명으로
부처님의 행하신 도를 보았다네

我觀佛刹海
清淨大光明
寂靜證菩提
法界悉周徧

我當如世尊
廣淨諸刹海
以佛威神力
修習菩提行

내가 부처님 세계의
청정한 큰 광명을 관하여
깨달아 열반을 증득하니
법계에 다 두루하네

나도 마땅히 세존과 같이
모든 세계를 널리 청정하게 하여
부처님의 위신력으로
보리행을 닦아 익히리"

諸佛子 時 大威光菩薩 以見一切功德山須彌勝雲佛 承事
供養故 於如來所 心得悟了 爲一切世間 顯示如來往昔行海
顯示往昔菩薩行方便 顯示一切佛功德海 顯示普入一切法
界淸淨智 顯示一切道場中成佛自在力 顯示佛力無畏無差別
智 顯示普示現如來身 顯示不可思議佛神變 顯示莊嚴無量
淸淨佛土 顯示普賢菩薩所有行願 令如須彌山微塵數衆生
發菩提心 佛刹微塵數衆生 成就如來淸淨國土 爾時 一切功
德山須彌勝雲佛 爲大威光菩薩 而說頌言

승음세계 대위광보살이 깨달아 마쳐 나타내 보이
자 일체공덕산수미승운 부처님께서 대위광보살을
위해 게송으로 말씀하시다

"모든 불자여, 이때 대위광보살이 일체공덕산수미승운 부
처님을 뵙고 받들어 섬기며 공양을 올린 까닭으로, 그 여
래의 처소에서 마음을 깨달아 마침을 얻어, 일체 세간을
위해 여래의 지난 옛적 행바다를 나타내 보이고, 지난 옛
적 보살행의 방편을 나타내 보이며, 일체 부처님의 공덕바
다를 나타내 보이고, 일체 법계에 두루 들어가는 청정한
지혜를 나타내 보이며, 일체 도량 가운데에서 성불하는 자
재력을 나타내 보이고, 부처님의 능력과 두려움 없고 차별
없는 지혜를 나타내 보이며, 여래의 몸을 널리 시현하여
나타내 보이고, 불가사의한 부처님의 신통 변화를 나타내
보이며, 한량없이 청정한 불국토를 장엄하는 것을 나타내
보이고, 보현보살의 모든 서원행을 나타내 보여서, 수미산
가는 티끌 수와 같은 중생에게 보리심을 발하게 하고, 부
처님세계 가는 티끌 수만큼의 중생에게 여래의 청정한 국
토를 성취케 하였느니라. 이때 일체공덕산수미승운 부처님
께서 대위광보살을 위해 게송으로 말씀하셨느니라.

善哉大威光
福藏廣名稱
爲利衆生故
發趣菩提道

汝獲智光明
法界悉充滿
福慧咸廣大
當得深智海

一刹中修行
經於刹塵劫
如汝見於我
當獲如是智

착하도다, 대위광이여
복의 보배장으로 널리 이름이 났으니
중생들을 이롭게 하기 위해서
보리도를 발하여 나아가네

그대가 얻은 지혜광명이
법계에 다 충만하니
복과 지혜가 모두 광대함으로
마땅히 깊은 지혜바다를 얻었네

한 세계 가운데서 수행하기를
한량없는 겁 동안 해서
그대가 나를 보아 온 것같이
마땅히 그런 지혜 얻었네

非諸劣行者
能知此方便
獲大精進力
乃能淨刹海

一一微塵中
無量劫修行
彼人乃能得
莊嚴諸佛刹

爲一一衆生
輪廻經劫海
其心不疲懈
當成世導師

모든 하열한 수행자는
이러한 방편을 알 수 없으니
큰 정진의 힘을 얻은 이라야
세계를 능히 청정케 하네

낱낱 가는 티끌 가운데
한량없는 겁 동안 수행한
그런 사람이라야 능히 깨달아
모든 부처님세계를 장엄하네

낱낱 중생들을 위해서
겁해*를 지나도록 윤회할지라도
그 마음이 피로하거나 게으르지 않아야
마땅히 세상의 도사가 되네

供養一一佛
悉盡未來際
心無暫疲厭
當成無上道

三世一切佛
當共滿汝願
一切佛會中
汝身安住彼

一切諸如來
誓願無有邊
大智通達者
能知此方便

한 분 한 분의 부처님께 공양을 올려
미래가 다할 때까지
마음에 잠시도 피로하거나 싫어함이 없어야
마땅히 위 없는 도를 이루네

삼세의 일체 부처님께서
마땅히 함께 그대의 서원을 만족케 하리니
일체 부처님의 회상 가운데
그대의 몸이 편안하게 머물 것이네

일체 모든 여래께서는
서원이 끝없으시니
큰 지혜를 통달한 이라야
이 방편 능히 알 수 있네

大光供養我
故獲大威力
令塵數衆生
成熟向菩提

諸修普賢行
大名稱菩薩
莊嚴佛刹海
法界普周徧

대위광이 나에게 공양을 올린 고로
큰 위력을 얻어서
티끌 수만큼의 중생들로 하여금
성숙케 하여 보리를 향하게 하네

온갖 보현행을 수행함으로
크게 이름난 보살들이
부처님의 세계를 장엄해서
법계에 널리 두루하네"

諸佛子 汝等 應知彼大莊嚴劫中 有恒河沙數小劫 人壽命
二小劫 諸佛子 彼一切功德須彌勝雲佛 壽命 五十億歲 彼
佛滅度後 有佛出世 名波羅蜜善眼莊嚴王 亦於彼摩尼華枝
輪大林中 而成正覺 爾時 大威光童子 見彼如來 成等正覺
現神通力 即得念佛三昧 名無邊海藏門 即得陀羅尼 名大
智力法淵 即得大慈 名普隨衆生調伏度脫 即得大悲 名徧
覆一切境界雲 即得大喜 名一切佛功德海威力藏 即得大捨
名法性虛空平等清淨 即得般若波羅蜜 名自性離垢法界清
淨身

승음세계 둘째 바라밀선안장엄왕 부처님께서 정각을 이루시자 대위광동자가 일만 법문을 통달하여 게송으로 말하다

"모든 불자여, 그대들은 마땅히 알라. 그 대장엄겁 가운데 항하 모래 수만큼의 소겁이 있으니, 사람의 수명이 2소겁이요, 모든 불자여, 그 일체공덕수미승운 부처님의 수명은 오십억 세이니라.

그 부처님께서 멸도하신 뒤에 부처님이 계시어 세간에 출현하셨으니 이름이 바라밀선안장엄왕이며, 또한 그 마니화지륜 큰 숲 가운데에서 정각을 이루셨느니라.

이때 대위광동자가 그 여래께서 등정각을 이루어 신통력을 나타내시는 것을 보고 곧 염불삼매를 얻었으니, 이름이 무변해장문이고, 곧 다라니를 얻었으니 이름이 대지력법연이며, 곧 대자(大慈)를 얻었으니 이름이 보수중생조복도탈이고, 곧 대비(大悲)를 얻었으니 이름이 변부일체경계운이며, 곧 대희(大喜)를 얻었으니 이름이 일체불공덕해위력장이고, 곧 대사(大捨)를 얻었으니 이름이 법성허공평등청정이며, 곧 '지혜로 저 언덕에 이르름'을 얻었으니 이름이 자성이구법계청정신이고,

卽得神通 名無礙光普隨現 卽得辯才 名善入離垢淵 卽得
智光 名一切佛法淸淨藏 如是等十千法門 皆得通達 爾時
大威光童子 承佛威力 爲諸眷屬 而說頌言

不可思議億劫中
導世明師難一遇
此土衆生多善利
而今得見第二佛

佛身普放大光明
色相無邊極淸淨
如雲充滿一切土
處處稱揚佛功德

곧 신통을 얻었으니 이름이 무애광보수현이며, 곧 변재를
얻었으니 이름이 선입이구연이고, 곧 지혜광명을 얻었으니
이름이 일체불법청정장이라. 이와 같은 등 일만 법문을 다
통달하였느니라.
　이때 대위광동자가 부처님의 위신력을 받아서 모든 권속
을 위하여 게송으로 말하였느니라.

불가사의한 억겁 가운데
세상을 인도하는 밝은 스승 한 번도 만나뵙기 어려운데
이 국토 중생들 좋은 이익이 많아서
둘째 부처님을 이제 뵙게 된 것이네

부처님의 몸에서 널리 큰 광명을 놓으시니
색과 모습이 끝없고 지극히 청정하여
구름같이 일체 국토에 충만하니
곳곳마다 부처님의 공덕을 찬탄하네

光明所照咸歡喜
衆生有苦悉除滅
各令恭敬起慈心
此是如來自在用

出不思議變化雲
放無量色光明網
十方國土皆充滿
此佛神通之所現

一一毛孔現光雲
普徧虛空發大音
所有幽冥靡不照
地獄衆苦咸令滅

광명을 비추는 곳 모두가 환희롭게 하고
중생들의 고통 모두 제거해 없애서
각기 공경하고 자비심을 일으키게 하시니
이것이 여래의 자재한 작용이네

부사의한 변화의 구름 내고
한량없는 색, 광명그물을 놓아
시방 국토에 다 충만케 하시니
이것이 부처님 신통의 나툼일세

낱낱 털구멍에서 광명구름을 나투고
허공에 널리 두루한 큰 음성을 발하여
모든 저승세계까지 비추지 않음이 없어
지옥의 온갖 고통도 다 없애주시네

如來妙音徧十方
一切言音咸具演
隨諸衆生宿善力
此是大師神變用

無量無邊大衆海
佛於其中皆出現
普轉無盡妙法輪
調伏一切諸衆生

佛神通力無有邊
一切刹中皆出現
善逝如是智無礙
爲利衆生成正覺

여래의 묘한 음성 시방에 두루하고
일체 음성 모두 갖추어 내되
모든 중생의 숙세 선근력을 따르시니
이것이 대사의 신통변화 작용이네

한량없고 끝없는 대중바다에
부처님 그 가운데 다 출현하여
다함 없는 신묘한 법륜을 널리 굴림으로
일체 모든 중생을 조복시키시네

부처님의 신통력이 끝없어서
일체 세계 가운데 다 출현하여
부처님〔善逝〕* 이러-히 걸림 없는 지혜로
중생을 이롭게 하고자 정각을 이루셨네

汝等應生歡喜心
踊躍愛樂極尊重
我當與汝同詣彼
若見如來眾苦滅

發心廻向趣菩提
慈念一切諸眾生
悉住普賢廣大願
當如法王得自在

그대들은 마땅히 환희심을 내어서
뛸 듯이 좋아하며 지극히 존중하라
나도 마땅히 그대들과 함께 거기에 나아가리니
만약 여래를 뵙게 되면 온갖 고통 없어지리라

발심하고 회향하여 보리로 나아가
일체 모든 중생을 사랑하는 생각으로
보현의 광대한 서원에 다 머무르면
마땅히 법왕과 같은 자재함 얻게 되리라"

諸佛子 大威光童子 說此頌時 以佛神力 其聲 無礙 一切
世界 皆悉得聞 無量衆生 發菩提心 時 大威光王子 與其
父母 幷諸眷屬 及無量百千億那由他衆生 前後圍繞 寶蓋
如雲 徧覆虛空 共詣波羅蜜善眼莊嚴王如來所 其佛 爲說
法界體性淸淨莊嚴修多羅 世界海微塵等修多羅 而爲眷屬
彼諸大衆 聞此經已 得淸淨智 名入一切淨方便 得於地 名
離垢光明 得波羅蜜輪 名示現一切世間愛樂莊嚴 得增廣行
輪 名普入一切刹土無邊光明淸淨見 得趣向行輪 名離垢福
德雲光明幢

승음세계 둘째 바라밀선안장엄왕 부처님께서 경전을 설하시고 대위광보살을 위해 게송으로 말씀하시다

"모든 불자여, 대위광동자가 이 게송을 말할 때, 부처님의 위신력으로 그 음성이 걸림 없어 일체 세계에서 전부다 듣고 한량없는 중생들이 보리심을 발하였느니라.

이때 대위광왕자가 그 부모와 더불어 모든 권속과 함께 한량없는 백천억 나유타 수의 중생들에게 앞뒤로 둘러싸여 보배일산이 구름같이 허공을 가득히 덮은 가운데 다같이 바라밀선안장엄왕 여래의 처소에 함께 나아가자, 그 부처님께서 법계 성품의 몸을 청정하게 장엄하는 경전을 설하시니, 세계바다 가는 티끌 수와 같은 경전으로 권속을 삼았느니라.

그 모든 대중이 이 경을 듣고 나서 청정한 지혜를 얻었으니 이름이 입일체정방편이고, 지위를 얻었으니 이름이 이구광명이며, 바라밀륜*을 얻었으니 이름이 시현일체세간애락장엄이고, 늘리고 넓히는 행륜을 얻었으니 이름이 보입일체찰토무변광명청정견이며, 향해 나아가는 행륜을 얻었으니 이름이 이구복덕운광명당이고,

得隨入證輪 名一切法海廣大光明 得轉深發趣行 名大智莊
嚴 得灌頂智慧海 名無功用修極妙見 得顯了大光明 名如
來功德海相光影徧照 得出生願力淸淨智 名無量願力信解藏
時 彼佛 爲大威光菩薩 而說頌言

善哉功德智慧海
發心趣向大菩提
汝當得佛不思議
普爲衆生作依處

따라 증득해 들어가는 행륜을 얻었으니 이름이 일체법해
광대광명이며, 깊이 굴려 나아가는 행함을 얻었으니 이름
이 대지장엄이고, 관정*하는 지혜바다를 얻었으니 이름이
무공용수극묘견이며, 대광명 나툼을 얻었으니 이름이 여래
공덕해상광영변조이고, 원력을 내는 청정한 지혜를 얻었으
니 이름이 무량원력신해장이었느니라.

이때 그 부처님께서 대위광보살을 위해 게송으로 말씀하
셨느니라.

착하다, 공덕과 지혜의 바다에서
발심하여 큰 보리를 향하여 나아가니
그대는 마땅히 부처님의 부사의함을 얻어서
널리 중생들을 위하여 의지할 곳이 되었느니라

汝已出生大智海
悉能偏了一切法
當以難思妙方便
入佛無盡所行境

已見諸佛功德雲
已入無盡智慧地
諸波羅蜜方便海
大名稱者當滿足

已得方便總持門
及以無盡辯才門
種種行願皆修習
當成無等大智慧

그대는 이미 큰 지혜의 바다를 내어서
일체 법을 두루 깨달았으니
마땅히 생각하기 어려운 신묘한 방편으로
부처님의 다함 없는 행의 경지에 들어갔느니라

이미 모든 부처님의 공덕구름을 보았고
다함 없는 지혜의 지위에 들어갔으니
모든 바라밀과 방편바다로
크게 이름난 이로서 마땅히 만족하리라

이미 방편문과 다라니문과
다함 없는 변재의 문까지도 얻었으니
갖가지 서원행을 다 닦아 익혀서
마땅히 비길 바 없는 큰 지혜를 이루었느니라

汝已出生諸願海
汝已入於三昧海
當具種種大神通
不可思議諸佛法

究竟法界不思議
廣大深心已清淨
普見十方一切佛
離垢莊嚴衆刹海

汝已入我菩提行
昔時本事方便海
如我修行所淨治
如是妙行汝皆悟

그대는 이미 모든 서원바다를 내었고
그대는 이미 삼매바다에도 들어갔으니
마땅히 갖가지 큰 신통과
불가사의한 모든 불법을 갖추었느니라

부사의한 구경의 법계라
이미 광대하고 깊은 마음 청정하니
시방의 일체 부처님께서 널리 보이신
티 없는 온갖 세계를 장엄했느니라

그대는 이미 나의 보리행과
지난 옛적의 본래의 일[本事]과 방편바다에 들어갔으니
내가 청정하게 다스려 수행한 바와 같은
이러-히 묘한 행을 모두 깨달았느니라

我於無量一一刹
種種供養諸佛海
如彼修行所得果
如是莊嚴汝咸見

廣大劫海無有盡
一切刹中修淨行
堅固誓願不可思
當得如來此神力

諸佛供養盡無餘
國土莊嚴悉清淨
一切劫中修妙行
汝當成佛大功德

내가 한량없는 낱낱 세계에서
광대한 부처님세계에 갖가지로 공양을 올렸으니
그와 같이 수행해서 얻은 바 과보인
이러-한 장엄을 그대가 다 보았느니라

광대하여 다함 없는 겁해의
일체 세계 가운데에서 청정한 행을 닦아
견고한 서원이 불가사의하니
마땅히 여래의 이러한 위신력을 얻은 것이니라

모든 부처님께 남김없이 공양을 올렸고
국토의 장엄을 청정하게 하였으며
일체 겁 가운데 묘한 행을 닦았으니
그대는 마땅히 부처님의 큰 공덕을 이룬 것이니라"

諸佛子 波羅蜜善眼莊嚴王如來 入涅槃已 喜見善慧王 尋
亦去世 大威光童子 受轉輪王位 彼摩尼華枝輪大林中 第
三如來 出現於世 名最勝功德海 時 大威光轉輪聖王 見彼
如來 成佛之相 與其眷屬 及四兵衆 城邑聚落 一切人民 并
持七寶 俱往佛所 以一切香摩尼莊嚴大樓閣 奉上於佛 時
彼如來 於其林中 說菩薩普眼光明行修多羅 世界微塵數修
多羅 而爲眷屬 爾時 大威光菩薩 聞此法已 得三昧 名大
福德普光明 得此三昧故 悉能了知一切菩薩 一切衆生 過
現未來福非福海

승음세계 셋째 최승공덕해 부처님께서 출현하여 경전을 설하시자 대위광전륜성왕이 대복덕보광명삼매를 얻고 부처님께서 그를 위해 게송으로 말씀하시다

"모든 불자여, 바라밀선안장엄왕여래께서 열반에 드시고 희견선혜왕도 이어서 또한 세상을 떠나시니 대위광동자가 전륜왕위를 받았느니라. 그 마니화지륜 큰 숲 가운데 셋째 여래가 세상에 출현하셨으니 이름이 최승공덕해니라.

이때 대위광전륜성왕이 그 여래께서 성불하시는 모습을 보고 그 권속들과 함께 네 군사 무리와 성읍과 부락의 일체 백성과 더불어 칠보를 지니고 함께 부처님 처소에 가서 일체 향마니로 장엄한 큰 누각을 부처님께 받들어 올렸느니라.

이때 그 여래께서 그 숲 가운데에서 보살의 보안*광명행에 대한 경전을 설하시니, 세계 가는 티끌 수만큼의 경전으로 그 권속을 삼았느니라.

이때 대위광보살이 이 법을 듣고 나서 삼매를 얻었으니 이름이 대복덕보광명이며, 이 삼매를 얻은 까닭에 일체 보살과 일체 중생의 과거·현재·미래의 복과 복 아닌 바다를 모두 밝게 알았느니라.

時 彼佛 爲大威光菩薩 而說頌言

善哉福德大威光
汝等今來至我所
愍念一切衆生海
發勝菩提大願心

汝爲一切苦衆生
起大悲心令解脫
當作群迷所依怙
是名菩薩方便行

이때 그 부처님께서 대위광보살을 위해 게송으로 말씀하셨느니라.

착하다, 복덕을 갖춘 대위광이여
그대들이 지금 내 처소에 이르른 것은
일체 중생바다를 가엾이 여겨
수승한 보리와 큰 서원의 마음을 발함이로다

그대가 일체 고통받는 중생을 위해
큰 자비심을 일으켜 해탈케 하여
미혹한 중생들의 믿고 의지할 바가 되었으니
이 이름이 보살의 방편행이니라

若有菩薩能堅固

修諸勝行無厭怠

最勝最上無礙解

如是妙智彼當得

福德光者福幢者

福德處者福海者

普賢菩薩所有願

是汝大光能趣入

汝能以此廣大願

入不思議諸佛海

諸佛福海無有邊

汝以妙解皆能見

만약 보살이 견고한 마음으로
싫어함과 게으름이 없이 모든 뛰어난 행을 닦으면
가장 수승하고 가장 높은 걸림 없는 깨달음인
이러-한 묘한 지혜를 그가 마땅히 얻으리라

복덕의 광명과 복덕의 당기와
복덕의 처소와 복덕의 바다인
보현보살의 모든 서원에
바로 그대 대위광이 들어갔느니라

그대가 이 광대한 서원으로
부사의한 모든 부처님세계에 들어가
모든 부처님의 복바다가 가없음을
묘한 지혜로 모두 보았느니라

汝於十方國土中
悉見無量無邊佛
彼佛往昔諸行海
如是一切汝咸見

若有住此方便海
必得入於智地中
此是隨順諸佛學
決定當成一切智

汝於一切刹海中
微塵劫海修諸行
一切如來諸行海
汝皆學已當成佛

그대가 시방의 국토 가운데
한량없고 가없는 부처님을 모두 뵙고
그 부처님 지난 옛적 모든 행바다의
이러-한 일체를 모두 보았느니라

만약 이 방편바다에 머무르면
반드시 지혜의 지위 가운데 들어가리니
이와 같이 모든 부처님을 따르면서 배우면
결정코 마땅히 일체지를 성취하리라

그대가 일체 세계 가운데
가는 티끌 수만큼의 겁해에 모든 행을 닦았으니
일체 여래의 모든 행바다를
배워 마쳐 마땅히 성불하리라

如汝所見十方中
一切刹海皆嚴淨
汝刹嚴淨亦如是
無邊願者所當得

今此道場衆會海
聞汝願已生欣樂
皆入普賢廣大乘
發心廻向趣菩提

無邊國土一一中
悉入修行經劫海
以諸願力能圓滿
普賢菩薩一切行

그대가 시방 가운데에서 본 바와 같이
일체 세계가 다 청정하게 장엄되었고
그대의 세계도 이러-히 청정하게 장엄되었으니
끝없이 서원한 자가 마땅히 얻을 바니라

지금 이 도량의 대중모임바다가
그대의 서원을 듣고 나서 기쁘고 즐거운 마음을 내었으니
보현의 넓은 대승법에 모두 들어가서
발심하고 회향하여 보리에 나아갈 것이니라

가없는 낱낱 국토 가운데
겁해를 지나도록 다 들어가 수행하여
모든 원력이 원만함이여
보현보살의 일체 행이로세"

諸佛子 彼摩尼華枝輪大林中 復有佛出 號名稱普聞蓮華眼
幢 是時 大威光 於此命終 生須彌山上寂靜寶宮天城中 爲
大天王 名離垢福德幢 共諸天衆 俱詣佛所 雨寶華雲 以爲
供養 時彼如來 爲說廣大方便普門徧照修多羅 世界海微塵
數修多羅 而爲眷屬 時 天王衆 聞此經已 得三昧 名普門
歡喜藏 以三昧力 能入一切法實相海 獲是益已 從道場出
還歸本處

승음세계 넷째 명칭보문연화안당 부처님께서 출현
하여 경을 설하자, 명을 다하고 이구복덕당 대천왕
이 된 대위광이 경을 듣고 보문환희장삼매를 얻다

"모든 불자여, 그 마니화지륜 큰 숲 가운데 다시 부처님
이 출현하셨으니 이름이 명칭보문연화안당이니라.

이때 대위광이 이곳에서 목숨을 다하고 수미산 위의 적
정보궁천성 가운데 태어나 대천왕이 되었으니, 이름이 이
구복덕당이니라.

모든 천상의 대중과 더불어 부처님 처소에 함께 나아가
보배꽃구름을 비 내리듯 하여 공양을 올렸느니라. 이때 그
여래께서 광대한 방편인 보문*을 두루 비추는 경전을 설하
시니 세계바다 가는 티끌 수만큼의 경전으로 권속을 삼았
느니라.

이때 천왕의 대중들이 이 경을 듣고 나서 삼매를 얻었으
니 이름이 보문환희장이요, 삼매의 힘으로 일체 법의 실상
바다에 들어갔으니, 이러한 이익을 얻고 도량에서 나와 본
래의 처소로 돌아갔느니라."

대원선사 결문

대원선사 결문(決文)

어떤 것이 비로자나인고?

해는 서산에 걸려있고
달은 동산에 걸려있다
정오 그림자는 다리 밑일세

∽ 미주

* 겁해(劫海) : 겁의 수량이 바닷물처럼 많은 것을 겁해라고 한다.
* 경전 : 원문의 '수다라(修多羅)'는 산스크리트어 sūtra 팔리어 sutta의
  음사이다. 경(經)·계경(契經)이라 번역하는데, 세 가지 뜻이 있다. ①
  십이부경(十二部經)의 하나. 경전의 서술 형식이 산문체로 된 것. ②
  경(經)·율(律)·논(論)의 삼장(三藏) 가운데 경(經). ③ 대승 경전. 여기
  서는 ③의 뜻으로 쓰였다.
* 관정(灌頂) : 여러 부처님이 대자비의 물로써 보살의 정수리에 붓는
  것. 등각 보살이 묘각위에 오를 때에 부처님이 그에게 관정하여 불
  과를 증득케 함. 여기에는 여러 부처님이 정수리를 만져 수기하는
  마정관정(摩頂灌頂), 말로 수기하는 수기관정(授記灌頂), 광명을 놓아
  이롭게 하는 방광관정(放光灌頂)의 3종이 있다.
* 광대한 부처님세계 : 원문의 불해(佛海)는 광대한 부처님세계를 말
  한다.
* 당기 : 원문의 '당(幢)'은 절의 문 앞에 꽂는 깃발의 일종이다. 불보
  살의 위신과 공덕을 표하는 장엄구로서 장대 끝에 용머리 모양을
  만들어 깃발을 달아 드리운다.
* 대자(大慈) : 원문에 '대자(大慈)'에 이어 '대비(大悲), 대희(大喜), 대사
  (大捨)'가 나오는데, 이를 불법에서 사무량심(四無量心)이라고 부른다.
  사무량심은 무량한 중생을 대상으로 하여, 그들에게 무량의 복을

주는 이타의 마음이다. 자(慈)는 사랑하는 마음으로 중생에게 즐거
움을 주는 것이고, 비(悲)는 동정하는 마음으로 중생의 괴로움을 덜
어주는 것이며, 사(捨)는 모든 일에 나와 남과 평등한 마음으로 아
낌없이 베푸는 것이고, 희(喜)는 기쁜 마음으로 중생의 즐거움을 함
께하는 것이다.

* 륜(輪) : 지혜의 바퀴, 굴림, 씀, 용(用)을 상징하기도 한다.

* 마니보배왕 : 마니보배 자체를 말한다. 마니보배는 여의주, 보주라
고도 한다. 이 구슬은 용왕의 뇌 속에서 나온 것으로 광명이 깨끗
하여 더러운 때가 묻지 않으며 이 구슬을 가지면 유독한 것이 해치
지 못하고 불에 들어가도 타지 않는다고 한다. 여기서 말한 용왕은
지혜와 능력을 갖춘 불성을 상징하며 마니보주 역시 이것을 의미한
다.

* 머리로 발에 대어 예하였느니라 : 원문에 두면예족(頭面禮足)이라고
되어 있는데, 이것은 인도의 예법으로, 두 무릎을 꿇고 두 팔꿈치를
땅에 댄 다음 손을 펴서 상대의 발에 자신의 이마를 대어 예를 표
하는 것이다.

* 모든 천상인들 : 원문의 '제천(諸天)'은 두 가지 뜻이 있다. ① 모든
천상세계. ② 천상의 신들. 천상세계에 살면서 불법을 수호하는 신
들. 제천선신.

* 범음을 자재하는 : 원문의 운음(雲音)은 법음이 자재하게 흐르는 것을 말한다.

* 법취(法聚) : 여러 가지 법문을 모은 것.

* 법해(法海) : 바다와 같이 깊고 광대한 가르침을 바다에 비유한 이름이다.

* 보문(普門) : 일문(一門)에 일체 문(門)을 포섭한 것을 말한다. 일체 곳에 변만하게 통하고 걸림 없어 무량문이라고도 한다. 모든 부처님들이 이 무량의 문을 열어 중생의 일체 고를 없애서 보리를 성취하게 한다.

* 보배장 : 원문의 '장(藏)'은 곳집, 광, 창고 등으로 쓰이는 글자인데 이 한 글자로 보장(寶藏) 즉 보배장의 뜻으로도 쓰인다. 화엄경에서는 대부분 보장으로 쓰였다.

* 보안(普眼) : ① 널리 일체 중생을 관하는 관세음의 자비의 눈. ② 하나에 일체를 갖춘 보법을 보는 것. ③ 법계의 연기를 보는 마음. 여기에서는 ②의 뜻으로 쓰였다.

* 부처님〔善逝〕: 원문의 '선서(善逝)'는 부처님 십대 명호 중의 하나이다.

* 분타리꽃 : 극락세계에 있는 연꽃. 대일경에 이 꽃은 눈처럼 희고 매우 크고 매우 향기롭다고 하였다. 아녹다못에서 자라며 인간이 보기 힘들다고 한다. 보통 경에서 이것은 번뇌, 티끌이 없이 물들지

않는 본성, 법성에 비유한다.

* 서원행(誓願行) : 원행(願行)이라고도 한다. 원(願)을 발하여 그것으로
  써 수행해가는 것.

* 여래(如來) : 부처님의 열 가지 명호 중 하나.

* 영락(瓔珞) : 목·팔 등에 두르는 구슬을 꿴 장신구.

* 위신력(威神力) : 부처님의 과위에 있는 존엄하고 측량할 수 없는 부
  사의한 힘.

∽ 81권 화엄경 권과 품

불조정맥

불조정맥(佛祖正脈)

🪷 인 도

교조 석가모니불 (敎祖 釋迦牟尼佛)

1조 마하가섭 (摩訶迦葉)

2조 아난다 (阿難陀)

3조 상나화수 (商那和脩)

4조 우바국다 (優波鞠多)

5조 제다가 (堤多迦)

6조 미차가 (彌遮迦)

7조 바수밀 (婆須密)

8조 불타난제 (佛陀難堤)

9조 복타밀다 (伏馱密多)

10조 파율습박(협) (波栗濕縛, 脇)

11조 부나야사 (富那夜奢)

12조 아나보리(마명) (阿那菩堤, 馬鳴)

13조 가비마라 (迦毗摩羅)

14조 나가르주나(용수) (那閼羅樹那, 龍樹)

15조 가나제바 (迦那堤波)

16조 라후라타 (羅睺羅陀)

17조 승가난제 (僧伽難提)

18조 가야사다 (迦耶舍多)

19조 구마라다 (鳩摩羅多)

20조 사야다 (闍夜多)

21조 바수반두 (婆修盤頭)

22조 마노라 (摩拏羅)

23조 학륵나 (鶴勒那)

24조 사자보리 (師子菩堤)

25조 바사사다 (婆舍斯多)

26조 불여밀다 (不如密多)

27조 반야다라 (般若多羅)

28조 보리달마 (菩堤達磨)

🌸 중 국

29조 신광 혜가 (2 조 神光 慧可)

30조 감지 승찬 (3 조 鑑智 僧璨)

31조 대의 도신 (4 조 大醫 道信)

32조 대만 홍인 (5 조 大滿 弘忍)

33조 대감 혜능 (6 조 大鑑 慧能)

34조 남악 회양 (7 조 南嶽 懷讓)

35조 마조 도일 (8 조 馬祖 道一)

36조 백장 회해 (9 조 百丈 懷海)

37조 황벽 희운 (10조 黃蘗 希雲)

38조 임제 의현 (11조 臨濟 義玄)

39조 흥화 존장 (12조 興化 存奬)

40조 남원 혜옹 (13조 南院 慧顒)

41조 풍혈 연소 (14조 風穴 延沼)

42조 수산 성념 (15조 首山 省念)

43조 분양 선소 (16조 汾陽 善昭)

44조 자명 초원 (17조 慈明 楚圓)

45조 양기 방회 (18조 楊岐 方會)

46조 백운 수단 (19조 白雲 守端)

47조 오조 법연 (20조 五祖 法演)

48조 원오 극근 (21조 圓悟 克勤)

49조 호구 소륭 (22조 虎丘 紹隆)

50조 응암 담화 (23조 應庵 曇華)

51조 밀암 함걸 (24조 密庵 咸傑)

52조 파암 조선 (25조 破庵 祖先)

53조 무준 사범 (26조 無準 師範)

54조 설암 혜랑 (27조 雪岩 慧郎)

55조 급암 종신 (28조 及庵 宗信)

56조 석옥 청공 (29조 石屋 淸珙)

✿ 한 국

57조 태고 보우 (1조 太古 普愚)

58조 환암 혼수 (2조 幻庵 混脩)

59조 구곡 각운 (3조 龜谷 覺雲)

60조 벽계 정심 (4조 碧溪 淨心)

61조 벽송 지엄 (5조 碧松 智儼)

62조 부용 영관 (6조 芙蓉 靈觀)

63조 청허 휴정 (7조 淸虛 休靜)

64조 편양 언기 (8조 鞭羊 彦機)

65조 풍담 의심 (9조 楓潭 義諶)

66조 월담 설제 (10조 月潭 雪霽)

67조 환성 지안 (11조 喚醒 志安)

68조 호암 체정 (12조 虎巖 體淨)

69조 청봉 거안 (13조 靑峰 巨岸)

70조 율봉 청고 (14조 栗峰 靑杲)

71조 금허 법첨 (15조 錦虛 法沾)

72조 용암 혜언 (16조 龍巖 慧言)

73조 영월 봉율 (17조 詠月 奉律)

74조 만화 보선 (18조 萬化 普善)

75조 경허 성우 (19조 鏡虛 惺牛)

76조 만공 월면 (20조 滿空 月面)

77조 전강 영신 (21조 田岡 永信)

78대 대원 문재현 (22대 大圓 文載賢)

부록 2

대원 문재현 선사님
인가 내력

대원 문재현 선사님 인가 내력

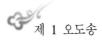
제 1 오도송

이 몸을 끄는 놈 이 무슨 물건인가?
골똘히 생각한 지 서너 해 되던 때에
쉬이하고 불어온 솔바람 한 소리에
홀연히 대장부의 큰 일을 마치었네

무엇이 하늘이고 무엇이 땅이런가
이 몸이 청정하여 이러-히 가없어라
안팎 중간 없는 데서 이러-히 응하니
취하고 버림이란 애당초 없다네

하루 온종일 시간이 다하도록
헤아리고 분별한 그 모든 생각들이

옛 부처 나기 전의 오묘한 소식임을
듣고서 의심 않고 믿을 이 누구인가!

此身運轉是何物
疑端汨沒三夏來
松頭吹風其一聲
忽然大事一時了

何謂靑天何謂地
當體淸淨無邊外
無內外中應如是
小分取捨全然無

一日於十有二時
悉皆思量之分別
古佛未生前消息
聞者卽信不疑誰

　대원 문재현 선사님의 스승이신 불조정맥 제77조 조계종(曹溪宗)
전강(田岡) 대선사님께서 1962년 대구 동화사의 조실로 계실 당시
대원 문재현 선사님께서도 동화사에 함께 머무르고 계셨다.
　하루는, 전강 대선사님께서 대원 선사님의 3연으로 되어 있는 제
1오도송을 들어 깨달은 바는 분명하나 대개 오도송은 짧게 짓는다

고 말씀하셨다. 이에 대원 선사님께서는 제1오도송을 읊은 뒤, 도솔암을 떠나 김제들을 지나다가 석양의 해와 달을 보고 문득 읊었던 제2오도송을 일러드렸다.

 제 2 오도송

해는 서산 달은 동산 덩실하게 얹혀 있고
김제의 평야에는 가을빛이 가득하네
대천이란 이름자도 서지를 못하는데
석양의 마을길엔 사람들 오고 가네

日月兩嶺載同模
金提平野滿秋色
不立大千之名字
夕陽道路人去來

제2오도송을 들으신 전강 대선사님께서는 이에 그치지 않고 그와 같은 경지를 담은 게송을 이 자리에서 즉시 한 수 지어볼 수 있겠냐고 하셨다. 대원 선사님께서는 곧바로 다음과 같이 읊으셨다.

바위 위에는 솔바람이 있고

산 아래에는 황조가 날도다
대천도 흔적조차 없는데
달밤에 원숭이가 어지러이 우는구나

岩上在松風
山下飛黃鳥
大千無痕迹
月夜亂猿啼

전강 대선사님께서는 위 송의 앞의 두 구를 들으실 때만 해도 지
그시 눈을 감고 계시다가 뒤의 두 구를 마저 채우자 문득 눈을 뜨
고 기뻐하는 빛이 역력하셨다.

그러나 전강 대선사님께서는 여기에서도 그치지 않고 다시 한 번
물으셨다.

"대중들이 자네를 산으로 불러내고 그중에 법성(향곡 스님 법제자
인 진제 스님. 동화사 선방에 있을 당시에 '법성'이라 불렸고, 나중에 '법
원'으로 개명하였다.)이 달마불식(達磨不識) 도리를 일러보라 했을 때
'드러났다'라고 답했다는데, 만약에 자네가 당시의 양무제였다면
'모르오'라고 이르고 있는 달마 대사에게 어떻게 했겠는가?"

대원 선사님께서 답하셨다.

"제가 양무제였다면 '성인이라 함도 서지 못하나 이러-히 짐의
덕화와 함께 어우러짐이 더욱 좋지 않겠습니까?' 하며 달마 대사의

손을 잡아 일으켰을 것입니다."

전강 대선사님께서 탄복하며 말씀하셨다.

"어느새 그 경지에 이르렀는가?"

"이르렀다곤들 어찌 하며, 갖추었다곤들 어찌 하며, 본래라곤들 어찌 하리까? 오직 이러-할 뿐인데 말입니다."

대원 선사님께서 연이어 말씀하시자 전강 대선사님께서 이에 환희하시니 두 분이 어우러진 자리가 백아가 종자기를 만난 듯, 고수 명창 어울리듯 화기애애하셨다.

달마불식 공안에 대한 위의 문답은 내력이 있는 것이다. 전강 대선사님께서 대원 선사님을 부르기 며칠 전에, 저녁 입선 시간 중에 노장님 몇 분만이 자리에 앉아있을 뿐 자리가 텅텅 비어 있었다고 한다.

대원 선사님께서 이상히 여기고 있던 중, 밖에서 한 젊은 수좌가 대원 선사님을 불렀다. 그 수좌의 말이 스님들이 모두 윗산에 모여 기다리고 있으니 가자고 하기에 무슨 일인가 하고 따라가셨다.

그러자 그 자리에 있던 법성 스님이 보자마자 달마불식 법문을 들고 이르라고 하기에 지체없이 답하셨다.

"드러났다."

곁에 계시던 송암 스님께서 또 안수정등 법문을 들고 물으셨다.

"여기서 어떻게 살아나겠소?"

대뜸 큰소리로 이르셨다.

"안·수·정·등."

이에 좌우에 모인 스님들이 함구무언(緘口無言)인지라 대원 선사님께서는 먼저 그 자리를 떠나 내려와 버리셨다.

그 다음날 입승인 명허 스님께서 아침 공양이 끝난 자리에서 지난 밤 입선시간 중에 무단으로 자리를 비운 까닭을 묻는 대중 공사를 붙여 산 중에서 있었던 일들이 낱낱이 드러나고 말았다. 그리하여 입선시간 중에 자리를 비운 스님들은 가사 장삼을 수하고 조실인 전강 대선사님께 참회의 절을 했던 일이 있었다.

전강 대선사님께서는 이때에 대원 선사님께서 달마불식 도리에 대해 일렀던 경지를 점검하셨던 것이다.

이런 철저한 검증의 자리가 있었던 다음 날, 전강 대선사님께서 부르시기에 대원 선사님께서 가보니 주지인 월산(月山) 스님께서 모든 것이 약조된 데에서 입회해 계셨으며 전강 대선사님께서는 곧바로 다음과 같이 전법게(傳法偈)를 전해주셨다.

 전 법 게

부처와 조사도 일찍이 전한 것이 아니거늘
나 또한 어찌 받았다 하며 준다 할 것인가
이 법이 2천년대에 이르러서
널리 천하 사람을 제도하리라

佛祖未曾傳
我亦何受授
此法二千年
廣度天下人

　덧붙여 이 일은 월산 스님이 증인이며 2000년까지 세 사람 모두 절대 다른 사람이 알게 하거나 눈에 띄게 하지 않아야 한다고 당부하셨다.

　만약 그러지 않을 시에는 대원 선사님께서 법을 펴 나가는데 장애가 있을 것이라고 예언하셨다. 또한 각별히 신변을 조심하라 하시고 월산 스님에게 명령해 대원 선사님을 동화사의 포교당인 보현사에 내려가 교화에 힘쓰게 하셨다.

　대원 선사님께서 보현사로 떠나는 날, 전강 대선사님께서는 미리 적어두셨던 부송(付頌)을 주셨으니 다음과 같다.

 부 송

　어상을 내리지 않고 이러-히 대한다 함이여
　뒷날 돌아이가 구멍 없는 피리를 불리니
　이로부터 불법이 천하에 가득하리라

不下御床對如是

後日石兒吹無孔

自此佛法滿天下

위의 송의 '어상을 내리지 않고 이러-히 대한다 함이여'라는 첫째 줄 역시 내력이 있는 구절이다.

전에 대원 선사님께서 전강 대선사님을 군산 은적사에서 모시고 계실 당시 마당에서 홀연히 마주쳤을 때 다음과 같은 문답이 있었다.

전강 대선사님께서 물으셨다.

"공적(空寂)의 영지(靈知)를 이르게."

대원 선사님께서 대답하셨다.

"이러-히 스님과 대담(對談)합니다."

"영지의 공적을 이르게."

"스님과의 대담에 이러-합니다."

"어떤 것이 이러-히 대담하는 경지인가?"

"명왕(明王)은 어상(御床)을 내리지 않고 천하 일에 밝습니다."

위와 같은 문답 중에 대원 선사님께서 답하신 경지를 부송의 첫째 줄에 담으신 것이다.

전강 대선사님께서 대원 선사님을 인가(印可)하신 과정을 볼 때 한 번, 두 번, 세 번을 확인하여 철저히 점검하신 명안종사의 안목

에 탄복하지 않을 수 없으며 이에 끝까지 1초의 머뭇거림도 없이 명철하셨던 대원 선사님께 찬탄하지 않을 수 없다.

그리하여 법열로 어우러진 두 분의 자리가 재현된 듯 함께 환희 용약하지 않을 수 없다.

이제 전강 대선사님과 약속한 2천년대를 맞이하였으므로 여기에 전법게를 밝힌다.

이로써 경허, 만공, 전강 대선사님으로 내려온 근대 대선지식의 정법의 횃불이 이 시대에 이어져 전강 대선사님의 예언대로 불법이 천하에 가득할 것이다.

21세기에
인류가 해야 할 일

21세기에 인류가 해야 할 일

이 사람은 1962년 26세 때부터 21세기에 인류에게 닥칠 공해문제, 에너지문제를 예견하고 대체에너지(무한원동기, 태양력, 파력, 풍력 등) 개발과 '울 안의 농법'을 연구하고 그 필요성을 많은 이들에게 이야기해 왔습니다.

당시에는 너무 시대를 앞서가는 이야기여서인지 일반인들이 수용하지 못하고 오히려 불신의 눈으로 바라보며 이 사람의 법마저 의심하였습니다. 하지만 현대에 있어서는 이것이 인류가 해결해야 할 가장 절박한 사안이 되어 있습니다.

'사막화방지 국제연대'를 설립한 것도 현재 인류가 해결해야 할 가장 절박한 지구환경문제를 이슈화시키고 그 해결책을 제시하여 재앙에 직면한 지구촌을 살리기 위해서입니다.

'사막화방지 국제연대'에서 추진하고 있는 사막화 방지, 지구 초원화, 대체에너지 개발은 온 인류가 발 벗고 나서서 해야 할 일입니다.

첫째 사막화 방지에 있어서 기존에 해왔던 '나무심기 사업'은 천문학적인 예산과 많은 인력을 동원하고도 극도로 황폐한 사막화된 환경을 되살리는 데 실패하였습니다.

그래서 이 사람은 사막화 방지에 있어서는 '사막 해수로 사업'을 새로운 방안으로 제시하였습니다.

사막 해수로 사업은 사막화된 지역에 수도관을 매설하여 바닷물을 끌어들여서 염분에 강한 식물을 중심으로 자연생태계를 복원하는 사업입니다.

이것은 나무심기 사업으로 심은 나무들이 절대적으로 물이 부족하여 생존할 수 없었던 문제를 해결할 수 있는, 현재로서는 유일한 해결책입니다.

그러나 '사막화방지 국제연대'의 목적은 사막이 확장되는 것을 방지하자는 것이지 사막 전체를 완전히 없애자는 것은 아닙니다. 인체에서 심장이 모든 피를 전신의 구석구석까지 골고루 보내어 살아서 활동하게 하듯이 사막은 오히려 지구의 심장 역할을 하는 중요한 곳이기 때문입니다.

그래서 21세기에 있어서는 다만 사막의 확장을 방지할 뿐 아니라 사막을 어떻게 운용하느냐를 연구해야 합니다.

사막에 바둑판처럼 사방이 막힌 플룸관 수로를 설치하여 동, 서, 남, 북 어느 방향의 수로를 얼마만큼 채우느냐 비우느냐에 따라, 사막으로부터 사방 어느 방향으로든 거리까지 조절하여, 원하는 지역에 비를 내리게 하고 그치게 할 수 있습니다. 철저히 과학적인 데이터에 의해 이렇게 사막을 운용함으로써 21세기의 지구를 풍요로운 낙원시대로 만들어가야 합니다.

둘째로 지구를 초원화할 수 있는 방안으로서 3년간의 실험을 통해, 광활한 황무지 지역을 큰 비용을 들이거나 많은 인력을 동원하지 않고도 짧은 시간 내에 초지로 바꿀 수 있는 식물을 찾아냈습니다.

그것은 바로 '돌나물'입니다. 돌나물은 따로 종자를 심을 필요가 없이 헬리콥터나 비행기로 살포해도 생존, 번식할 수 있으며, 추위와 더위, 황폐한 땅에서도 살아남을 수 있는 생명력과 번식력이 강한 식물입니다.

지구환경을 되살리는 초지조성 사업에 있어서 이것이 큰 도움이 되리라 생각합니다.

셋째의 대체에너지 개발에 있어서는 태양력, 파력, 풍력 등 1962년도부터 이 사람이 연구하고 얘기해왔던 방법들이 이미 많이 개발되어 실용화한 단계에 있습니다.

이 세 가지 일은 한 개인이나 한 국가가 할 수 있는 일이 아닙니다. 모든 국가가 앞장서서 전세계적인 사업으로 이루어져야 합니다. 모든 국가가 함께 한 기금조성이 이루어져야 하고 기금조성에 참여한 국가는 이 시스템에 의한 전면적인 혜택을 입을 수 있도록 해야 합니다.

인류 모두가 지혜를 모아 이 일에 전력을 다한다면 인류는 유사 이래 가장 좋은 시절을 맞이하게 될 것이며, 만약 이 일을 남의 일인 양 외면한다면 극한의 재앙을 면할 수 없을 것입니다.

이 사람이 오래 전부터 얘기해왔던 '울 안의 농법'은 이미 미국 라스베이거스(Las Vegas)에서 30층짜리 '고층 빌딩 농장'으로 구현되었습니다. 그렇게 크게도 운영될 수 있지만 각자 자신의 집에서 이루어지는 '울 안의 농법'도 필요합니다.

21세기에 있어서 또 하나 인류가 만일의 사태를 대비해서 연구, 추진해야 될 일이 있다면 바닷속에서의 수중생활, 수중경작입니다.

지구가 심하게 온난화될 경우, 공기가 너무 많이 오염될 경우, 바닷물이 높아져 살 땅이 좁아질 경우 등에 대비할 때, 인류는 우주에서의 삶보다는 바닷속에서의 삶을 준비해야 합니다. 왜냐하면 그것이 훨씬 수월하고 비용도 절감할 수 있기 때문입니다.

이렇게 깨달은 이는 이변적으로는 깨달음을 얻게 하여 영생불멸의 삶을 영위할 수 있도록 만인을 이끌어야 하며 사변적으로는 일반인이 예측할 수 없는 백 년, 천 년 앞을 내다보아 이를 미리 앞서 대비하도록 만인의 삶을 이끌어줘야 한다고 생각합니다.

불법의 뜻은 다만 진리 전수에만 있는 것이 아니니, 만인이 서로 함께 영원한 극락을 누릴 때까지 물심양면으로, 이사일여로 베풀어 교화해야 하기 때문입니다.

가슴으로 부르는
불심의 노래

여기에 실린 것들은 모두 대원 문재현 선사
님께서 직접 작사하신 곡들이다.

수행의 길로 들어서게끔 신심, 발심을 북돋
아주는 곡으로부터 수행의 길로 접어든 이의
구도의 몸부림이 담겨있는 곡, 대승의 원력을
발해서 교화하는 보살의 자비심과 함께 낙원
세계를 누리는 풍류를 그려놓은 곡까지 가사
한마디, 한마디가 생생하여 그 뜻이 뼛속 깊이
새겨지고 그 멋에 흠뻑 취하게 된다.

대원 문재현 선사님께서는 거칠고 말초적인
요즘의 노래를 듣고 이러한 정서를 순화시키
고자, 또한 수행의 마음을 진작시키고자 하는
뜻에서 이 곡들을 작사하셨다.

🪷 가슴으로 부르는 불심의 노래 목록

🪷 기타 노래 목록

서 원 가

작사 문재현
작곡 배신영
노래 홍노경

느리게

참 나를 깨달아서 보 림을 하고 다 가올 내 앞날의
보 살의 가는 길이 험 난타 해도 맹 세코 초지 일관
중 생이 끝이 없다 말 들을 해도 보 현의 만행 다해

서 원이라 네 기 어코 육 바라 밀 성 취를 하여 -
서 원이라 네 구 류를 그릇 따라 깨 닫게 하여 -
제 도를 하 여 유 정과 무 정 모두 다 한 그날 이 -

불 보살 님 큰 은 - 혜 - 에 보 - 답 하 - 면서
스 승 님의 큰 은 - 혜 - 에 보 - 답 하 - 면서
삼 보 님의 큰 은 - 혜 - 를 갚 - 는 날 - 이니

영 원히 구 제 의 길 나 는 - 가 리 - 라
영 원히 구 제 의 길 나 는 - 가 리 - 라
영 원히 구 제 의 길 나 는 - 가 리 - 라

Fine

반조 염불가

작사 문재현
작곡 배신영
노래 홍노경

느리게

부록4 - 가슴으로 부르는 불심의 노래 141

소중한 삶

작사 문재현
작곡 배신영
노래 홍노경

석가모니불

작사 문재현
작곡 배신영
노래 홍노경

석가 모니 불 -
석가 모니 불 -

거룩한- 석가모니불- 하늘땅에- 유일한- 님 - 이기 에 우러
거룩한- 석가모니불- 하늘땅에- 유일한- 님 - 이기 에 우러

러 간 절 하게 - 기도하 면 내 소 원이루어 지지요 - 탐 - 욕
러 가 르 침을 - 따른다 면 언제나행복하 지 요 - 선 - 법

을 - 보시로 다 스 려서 행 - 하고 진 - 심을 - 인
을 - 깨달아 생 활화를 함으로 써 이 - 세 상 - 이

욕으로-실천하면우 리 바 - 라 는 그 세 - 상 - 활 짝 - 열리네 - 불 - 법의
대로를-낙원으로님 이 바 - 라 신 그 소 - 원 - 꽃 을 - 피우리 - 불 - 법의

진 리 깨달으면 - 함 없 는 - 함 - 으로 - 님의은혜 갚으
진 리 깨달으면 - 함 없 는 - 함 - 으로 - 님의은혜 갚으

리 석가 - 모 - 니 - 불 - 우 리 - 부 처 - 님 - Fine
리 석가 - 모 - 니 - 불 - 우 리 - 부 처 - 님 -

맹서의 노래

작사 문재현
작곡 배신영
노래 홍노경

느리게

염원의 노래

작사 문재현
작곡 배신영
노래 홍노경

느리게

가 - 그 언젠 - 가 내 살 던 이곳 이 - 잡 -
노을 - 빛 - 속 에 - 눈 감 고 서 서 덧 -

초에 - 덮였으 - 니 연 - 못과 누대는 어디메냐 - 짙은
없 는 - 인생사 - 를 깨 - 워

주 리 라 맹 세 하 네 사 람과 사람마다 영 원 한 한 물건 -
꽃 피 어 화려함은 우 리 님맘 이요 -

본 래 에 지녔으 니 - 모래알진 주를이루듯 이 오늘의고 뇌를 - 미 -
곳곳의 화평함은 - 우 리 님억 겁의서 원이 라 우 주 법 계 모 두 가 성 -

소 로 인 고 하 며 보 - 배 를 이 - 뤄 가 는 희 망
품 - 의 - 낙 원 거 - 룩 한 소 - 원 성 취 노 래

으 로 살 아 가 세
로 써 불 려 져 라

Fine

음성공양

작사 문재현
작곡 배신영
노래 홍노경

느리게

님 그 사랑 속 의 우리 는 행복 이로세 세월
위 빛이신 당 신 오심은 영광 이로세 나를

흐 름 깊-은 만 큼 젖 어든- 나 의 이 행 복 이
깨 운 반-야- 의 지- 혜- 닦 아 이뤄 서 님

세 상의- 모든 분 들 부처님 사랑 에- 젖고 젖어봐 요 젖
의 은혜-보답하 는 그 서 원 다하는- 초지 일관으 로 구

은 만 치 복- 되- 고 행 복 을 누-리 리 니 오
류 중생 멸- 도- 해 이 세 상 이- 대 로 를 낙

는- 나날 그자 체 그대로 가 낙 원- 이- 길 서
원- 으로 이루 어 함께누 릴 그 날- 오- 길 합

원 하 는 기 도-로- 써 음성
장 기 도 노 래-로- 써 음성

공 양 울 리 옵 니 - 다   Fine
공 양 울 리 옵 니 - 다

발 심 가

작사 문재현
작곡 배신영
노래 홍노경

보사노바

우 – 리 네 한 세 상 – / 보 람 찬 삶 – 으 로 –
참 – 나 를 깨 달 아 / 보 림 을 하 – 고 요 –
본 – 연 – 한 몸 의 / 능 력 을 베 – 풀 어 –
눈 – 깜 박 하 는 새 – / 한 세 상 다 – 가 고 –

바 꾸 기 위 – 하 여 – / 닦 아 들 봅 – 시 다 –
자 비 심 발 – 하 여 – / 구 제 길 나 – 서 서 –
극 – 락 세 – 계 – / 장 엄 을 하 – 구 요 –
부 귀 와 공 – 명 은 – / 잠 시 의 꿈 – 이 라 –

청 춘 – 홍 안 이 – / 얼 마 나 길 – 던 가 –
중 생 들 세 계 에 – / 고 통 을 없 – 애 어 –
둥 실 – 두 둥 실 – / 누 리 기 위 – 하 여 –
이 러 한 되 풀 이 – / 금 생 에 끝 – 내 어 –

꿈 꾸 는 사 – 이 에 – / 백 발 이 된 – 다 네 –
극 락 이 되 – 도 록 – / 최 선 을 다 – 하 세 –
오 늘 의 어 – 려 움 – / 극 복 을 해 – 내 세 –
윤 회 의 사 슬 에 서 – / 벗 어 나 납 – 시 다 –

1-2절 D.C
3-4절

자비의 품

작사 문재현
작곡 배신영
노래 홍노경

느리게

자 대비보살 의 사랑 알지못 하고-
자 대비보살 의 사랑 자비의 품 을-

외면한 저중생 들 을 그래도 가-없어
떠나간 저중생 들 을 저리도애-타게

잊-지못하 는 그 진한- 마음 모른
부르고부르 는 절절한- 마음 새기

체하고-업 따라 갈수가있-니 아-아 하늘땅
고 새기면-업 따라 갈수가있-나- 아-아 하늘땅

사이- 다시 또없는 자비의품에- 어서돌아 와
사이- 다시 또없는 자비의품에- 어서돌아 와

감로수에 소-원이루- 라- Fine
감로수에 소-원이루- 라-

부처님 은혜 1

작사 문재현
작곡 배신영
노래 홍노경

느리게

노을이 짙고 새둥 -지- 찾 을 땐 - 부처 님의 절절한 - 말씀 생각이 나고

눈에 이 슬 맺힌채 - 참회 기도 - 명 상 으로써 억 겁업을 -

재우 노 라면 구름 그 늘 - 서늘한 바 람 불어옴을 -맞음 이랄까 -

상쾌 하고 확 트 인 가 슴 - 희 망의 미 - 소

입 가에 번 -지- 고 콧 노래 가 절 로 흘러 나 온 다 - 고 맙

습 니 다 - 참 고맙습 니 다 더 없이 큰 부 처 님 은 혜

구류 중 생 을 - 구 제 함 으로 써 갚 는 것이 서원 - 입 니 다 서 원

향 해 - 뛸 - 것 - 입 니 다 - 서 원 향 해 다 할 것 입 니 - 다 -

Fine

보살의 마음

작사 문재현
작곡 배신영
노래 홍노경

느리게

파 - 도 에 　실려 떠가 는 　낙엽같이 살아가는 인 생 -
구 원 코 자 - 따라주 며 　같이 하 는 자 - 비 인 데 -

제 안경 에 　보인 대 로 　말 들 - 하 - 지 만 -
눈 이 멀 고 　귀 가 먹 은 　저 들 - 이 - 지 만 -

못 들 은 척 - 모 르 는 척 　최 - 선 - 　다 하 - 리
황소 처럼 - 지 장 처 럼 　최 - 선 - 　다 하 - 리

바 - 른 눈 　바 - 른 맘 통 쾌 - 히 열 어 라 -
지 - 혜 눈 　지 - 혜 맘 통 쾌 - 히 열 어 라 -

아 　아 　아 - 아 　그 - 날 - 이
아 　아 　아 - 아 　그 - 날 - 이

그 - 날 이 　오 기 만 을 기 다 리 는 마 - 음 -
그 - 날 이 　오 기 만 을 기 다 리 는 마 - 음 -

150 　화엄경 11권

이 생에 해야 할일

작사 문재현
작곡 배신영
노래 홍노경

Trot Disco ♩= 140

세상사람 날찾는일 등한하지-만 생각들
번갯불이 스쳐가듯 가는한세-상 맘닦아

해보구려 그러할일이던가 번갯불- 스쳐가듯-
긴미래를 내마음내뜻대로 대천세계 여저기서-

아- 아 무 상 한 한 세- 상
아- 아 풍 류 를 누 리 며

- 맘닦- 아 내 낙원을 -
끝없- 는 구 제 의 길-

내이뤄 누리는일 아- 아 우리모-
자비로 실천할일 아- 아 우리모-

두 해 야 할 일 이일뿐일 세 해야 할 일 이일뿐일
두 해 야 할 일 이일뿐일 세 해야 할 일 이일뿐일

세 -
세 -

DS. all play

구도의 목표

작사 문재현
작곡 배신영
노래 홍노경

느리게

눈 뜨면 관음 우러러 보문을 따르며- 하
루 하루를 최 선-다 하는 일 에
언 제 나 떳떳한 불 자 로 서원코 큰은 혜 갚는 보 살-행-
대자대 비를- 베-풀어 어느때 어느곳 그 무엇- 가리지않는
이-로- 제 일의- 사표가될것을 목표로삼 을
겁 니 다 아 아 사 바 의 세 계 가
다하는- 그 날 까 지

님은 아시리

작사 문재현
작곡 배신영
노래 홍노경

Moderato ♩ = 100

A

F#m / D/F# / E / C#7 / F#m

Bm / A / C#7 / F#m / F#/A# / Bm

A / C#7 / F#m

B

F#m / C#/F / F#m / Eb

사계 절의 - 풍광 인들 - 위로 되 - 겠 - 니
같이 - 되짓 않아 - 기도 에 - 젖 - 은

F#m / F#/A# / **1.** Bm7 / F#m / A / G#m7(b5) / C#7

- 서사 시의 - 음률 인들 - 쉬 - 어지 - 겠 - 니 - 뜻과
이

2. Bm7 / A / C#7 / F#m / F#7

마음 - 님 은 - 아 - 시 - 리 - 한 세 상 열
청 춘 의 모

Bm7 / A / D / C#7 / F#7 / Bm7

정 쏟 아 닦 는 수 행 길 - 불 보 살 님 출 현 하 셔 베
든 욕 - 망 사 뤄 버 리 고 - 회 광 반 조 촌 각 아 낀 열

F#m / C#7 / F#m / C#7 / F#m / E

푼 자 - 비 에 - 모 든 망 상 - 모 - 든 번
정 쏟 - 아 서 - 이 룬 선 정 - 그 효 력 -

A / Bm7 / F#m / A / C#7 / F#m / Bm7

뇌 없 었 으 면 좋 으련 만 마 음 대 로 - 안 되 는게 - 수 행 이 더
이 있 었 으 면 좋 으련 만 마 음 대 로 - 안 되 는게 - 보 림 이 더

C#7 / F#m / F#m / Bm7 / C#7 / F#m

D.S. al Coda

라 수 행 이 더 라 - 마 음 대 로 - 안 되 는게 - 수 행 이 더 라 수 행 이 더 라 -
라 보 림 이 더 라 -

Fine

부처님 은혜 2

작사 문재현
작곡 배신영
노래 홍노경

느리게

성중성인 오셨네

(초파일노래)

작사 문재현
작곡 배신영
노래 홍노경

Swing

음력 사월 초 - 파일은 -   온누리의 제 - 일이신 -   성중
음력 사월 초 - 파일은 -   온누리의 제 - 일이신 -   성중

성인 - 부 - 처 님이 -   이땅 위에 오 - 신 - 날 -   괴로
성인 - 부 - 처 님이 -   이땅 위에 오 - 신 - 날 -   너를

움 을 낙원으로 -   어 두 움을 - 광명으 - 로 바꾸
알 란 그가르-침 -   펼치 려고 - 오심 이 - 니 자아

려 - 는 숙 - 원 - 을   시작하 신날 -   너 나 없 이 모 두
완 - 성 이 룩 - 해   우리이 땅 -   이 대 로 를 낙 원

함 께 - 경 축하세   모 두 함 께경축하 - 세 -   모두
으 로 - 누 려보세   낙 원 으 로누려보 - 세 -

함 께 경 축 하 - 세 -

내 문제는 내가 풀자

작사 문재현
작곡 배신영
노래 홍노경

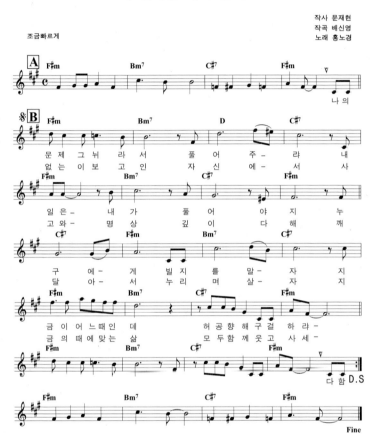

조금빠르게

나의

문제 그 뉘라서 풀어 주 랴 내
없는 이 보고 인 자신 에 서 사

일은 내가 풀어야 지 누
고와 명상 깊이 다 해 깨

구 에 게 빌지 를 말 자 지
달 아 서 누리 며 살 자 지

금 이 어 느 때 인 데 허공 향해 구걸 하랴
금 의 때 에 맞는 삶 모두 함께 웃고 사세

다 함 D.S

Fine

즐거운 밤

작사 문재현
작곡 배신영
노래 홍노경

산 사의 - 연-등 불빛- 아롱다롱- 한들한들-

그 윽한 올림속의- 모두가 정-성-

맘 모은 축하속꿈실은 - 발원의 미소를지으며

즐겁게노래하면 - 아롱다롱 연등 불도 흥겨웁고- 자비

한 여래품의 포근한 이한밤

을 석 가 모 니 불- 석가모니불- 나-

무 석 가 모 니 - 불 -

Fine

관 음 가

작사 문재현
작곡 배신영
노래 홍노경

꽃을 보아도 먼 산을 보아도 그리 움그리 움이 - 더 해-

진 관-세- 음 관- 세- 음 은-

포-근한 아- 아- 품이 랍니 다-

기쁠 때에 도 어-려울 때에도 자애

로 다 가 오 셔- 서 힘-이 되-

신 관-세-음 관세음은- 포근한-품-이랍니

- 다 -

Fine

부 처 님

작사 문재현
작곡 배신영
노래 채연희

Slow GoGo ♩ = 80

이 슬방울 의 아 침햇빛보다 -
영 롱한 님이 시 고 - 금 구슬에- 반 짝 이는 -
빛 보 다 아 름 다운 님 이 시 며 -
보 석의 찬란한 빛 보 다 눈 부 신 님 이 시기 에 생 각
만 하여도 설레 이 고 이 름 만 들어도 행 복 한 님
영 원 한 우 리 들의 님 이 십 - 니 - 다

열반재일

작사 문재현
작곡 배신영
노래 채연희

인 연 다 함 - 아 시 기 에 - 구 제 방 편 - 거 두 시 어 -
대 자 대 비 - 거 룩 하 신 - 가 르 치 심 - 이 세 상 에 -

열 반 드 신 - 그 자 재 는 - 그 누 구 가 - 흉 내 인 들 -
길 이 길 이 - 펼 처 져 서 - 그 언 젠 가 - 이 고 해 가 -

내 오 리 까 - 오 고 감 을 뜻 대 로 한
낙 원 으 로 - 되 는 날 을 믿 는 마 음

거 - 룩 함 에 정 례 합 니 다 정
우 - 러 러 서 정 례 합 니 다 정

례 합 - 니 다 -
례 합 - 니 다 -

Fine

성도재일

작사 문재현
작곡 배신영
노래 채연희

석굴암의 노래

작사 문재현
작곡 배신영
노래 채연희

Moderato ♩ = 98

그윽히 내려 트인　높고 높은산 기 슭에
태초의 이마 음이　무 명으로경계 이뤄

명월보다밝은 모습　근엄도 하 서 라 뵈옵
꿈의세상이어 져서　이런삶 됐 지 만 거룩

는 그순 간 티끌번뇌 사 라 지 니 한없
한 가르침 깊이새긴 실천으 로 일상

이 고 뇌하 여 지 - 순한 마음일 세　이마음
의 시시때 때 생활화 가 되는그 날　이세상

속세에 있을때 도 지 속 되 면 거 치른 이세상도 태평세
이대로가 정 - 토 의 세 상되 어 노래와 춤으로써 길이길

간 주

계 될것일 세
이 즐길걸 세

D.C.

Fine

님의 모습

작사 문재현
작곡 배신영
노래 채연희

무 지 개 를　　　타 － 고　나 － 툰 － 모 －
나 에 게 서　　　께 － 워　주 － 신 － 모 －
그 대 로 가　　　유 － 마　묵 － 연 － 마 －

습
습
음

Fine

믿고 따르세

작사 문재현
작곡 배신영
노래 채연희

Dsico (double beat) ♩ = 136

고- 해일- 러   낙원이라 한   불보- 살님그- 말씀   의
참   나깨- 친   밝은지혜 로   선행- 닦아사 - 상없   는

진 실한 경지   알 려- 거든   보고 듣는   그곳 향 해
일 상의 생활   이루- 는날   고 해일 러   낙 원이 란

명 - 상하 - 게   명 상- 으로분- 별
말- 씀의- 뜻   내- 뜻- 되- 어

망 상없- 어 지 고   고요 로 움   극 해 지 면
큰 웃 음을- 껄껄짓 고   대 장 부 로   삼 계 구 할

불 멸 의 나 깨- 치 네
서 원 세 워 행- 하 리

Fine

신명을 다하리

작사 문재현
작곡 배신영
노래 채연희

부처님께 바치는 마음

작사 문재현
작곡 배신영
노래 채연희

감사합니다

작사 문재현
작곡 배신영
노래 채연희

교 화 가

작사 문재현
작곡 배신영
노래 채연희

주 장 자 떨 처 메 고 -
주 장 자 떨 처 메 고 -
주 장 자 떨 처 메 고 -

방 랑 삼 - 천 계 -
방 랑 삼 - 천 계 -
방 랑 삼 - 천 계 -

흰 구 름 뜬 고 개 - 넘 어
흰 구 름 뜬 고 개 - 넘 어
흰 구 름 뜬 고 개 - 넘 어

오 신 님 이 누 - 구 뇨
오 신 님 이 누 - 구 뇨
오 신 님 이 누 - 구 뇨 -

사 바 세 계 중 생 들 을
구 류 중 생 그 릇 따 라
화 장 세 계 열 어 놓 고

구 제 를 할 때 -
교 화 를 할 때 -
노 래 를 하 며 -

갖 은 방 편 어 려 움 도
제 안 경 에 갖 은 시 비
춤 을 추 는 이 환 희 를

웃 어 넘 는 스 - 승 님 -
웃 어 넘 는 스 - 승 님 -
함 께 하 잔 스 - 승 님 -

1.2 = 1절 3 = 2절

섬진강 소초

작사 문재현
작곡 배신영
노래 채연희

Slow GoGo ♩ = 84

광 양 - 포 구　팔 십 - 리 의　거 룻 배 에 몸 을 싣　고
하 동 - 포 구　팔 십 - 리 에　거 룻 배 를 띄 워 놓　고

석 양 노 을　고 운 빛 에　물 새 도 맘 읽 누　나
노 을 들 어　법 문 하 니　어 우 러 진 웃 음 이　네

광 양 하 동　어 우 름 의　한 결 같 은 섬 진 강　은
이 위 력 이　세 상 그 늘　모 두 거 둬 열 린 세　상

머 언 머 언　그 날 에 도　오 늘 처 럼 - 흐 르 리　라
평 등 낙 원　누 림 으 로　노 래 하 며 - 살 게 되　리

우 리 도 저 런 맘　길 이 지 녀　누 리 며 사　세
그 날 을 위 한 삶　모 두 함 께　노 력 해 사　세

Fine

권수가 1

작사 문재현
작곡 배신영
노래 채연희

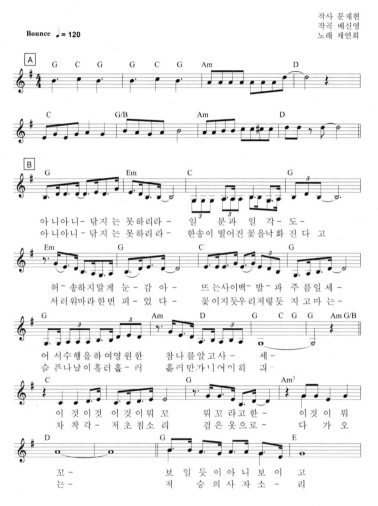

아니아니 - 닦지 는 못하리라 - 일 분과 일 각 - 도 -
아니아니 - 닦지 는 못하리라 - 한송이 떨어진꽃을낙화 진 다 고

허 - 송하지말게 눈 - 감 아 - 뜨 는사이백 - 발 - 과 주 름일세 -
서러워마라한번 피 - 었 다 - 꽃이지듯우리저렇듯 지 고마 는 -

어 서수행을하여영 원한 참나를알고사 - 세 -
슬 푸나날이흘러흘 - 러 흘러만가 기어이히 고

이 것이것 이 것이뭐 꼬 뭐꼬라고한 - 이것이뭐
차 착각 - 저초침소리 검은옷으로 - 다 가오

꼬 - 보 일듯이아니보이 고
는 - 저 승의사자소 - 리

이룰듯하다가 놓쳤으니 - 하루하루가 태산만같게
어찌아 니 슬플쏜가 - 숙 - 명적인 인과라해도

커 져만 - 가는게 의심일세 얼 씨구 나 좋 다 -
극복해 - 넘기에 어려웁네 얼 씨구 나 좋 다 -

지 화 자 좋 네 - 아니닦지는 -코러스-
지 화 자 좋 네 - 아니닦지는

못 - 하 리 - 라 -
못 - 하 리 - 라 -

Fine

권 수 가 2

작사 문재현
작곡 배신영
노래 채연희

아 니아 니- 닦지 는 못하리라 - 적 적요요달밝은- 밤 에-
아 니아 니- 닦지 는 못하리라 - 어지러운번 뇌- 망- 상-

단정히 눈을감 은 깊은삼 매 - 대상없는낙에취 해 짓는미소-
털- 고 이룬보리마음모든속 박- 다떨치고호연지기를 누 리 는데

한산습득이 즐겨누리 는 그낙이아니던- 가-
솔죽 바람 솔솔향기 그윽하고 그윽하 네

모 두들- 저런낙을- 누 리 려거든- 닦 고 닦
산 새도- 노래하니- 너 도좋고- 나 도 좋

소 - 삼 세모든불보살님 도
다 - 삼 세제불무현금- 에

두타의 수행을 인내로 써   하루하루를   수행해 왔던
역 - 대조 - 사 무공적의   명 - 월 삼 경   이 좋은 밤 을

결 실 로 - 얻어진 과위라네   얼 씨 구 나 좋 다
두둥실 - 두둥실 즐겨보세   얼 씨 구 나 좋 다

지 화 자 좋 네   아니 닦지 는   - 코 러 스 -
지 화 자 좋 네   아니 닦지 는

못 - 하 리 - 라
못 - 하 리 - 라

Fine

우란분재일

작사 문재현
작곡 배신영
노래 채연희

Trot in4 (double beat) ♩ = 134

A

Gm　Eb　D7　Gm　Eb　D7

B

Gm　D7　Gm　Am7(b5)　Dsus7　D

우 란 분 재 맞-이 해 서　대자대비-부처-님 을
정 성 어 린 마-음으 로　이고득락-비옵-나 니

Gm　D7　Eb　Am7　D7

이 자-리에 청해모 서　다생부모 왕생극 락
세 상-애 착 모두끊 고　부처님의 그세상 에

D7　Gm　D7　Gm

정성다한맘입니 다　지혜짧아 못-미-처 서
나시기만원합니 다　다생겁에 경-험-하 신

Gm　D　Gm　Cm6　D7

중한은혜 입-고서 도　보은보 답　못하고 서
부질없는 몸-종노 릇　그 허망 을　떨침만 이

Gm　D7　Cm　Gm11

이 생 까 지 이-른것 을　머리-숙 여　부처님 께
윤회고를 벗-어나 는　길이-오 니　그 리 되 길

Eb　D7　D7　Gm

참 회 합 니- 다　참 회 합 니- 다
비 옵 나 이- 다　비 옵- 나 이- 다

Fine

고맙습니다

작사 문재현
작곡 배신영
노래 채연희

믿음으로 여는 세상

작사 문재현
작곡 배신영
노래 채연희

우리들 모두가　부처님 의지해　활짝 열린 가슴으로　써
우리들 모두가　참선을 할 때는 -　모두 비워 명경지수　로

다 같이 도와서　살아들 간 - 다면　훈풍 같은 앞날이리　라
참 나를 관조해 -　실경에 사 - 무쳐　깨달아서 활짝 웃는　날

아 - 즐 - 겁게　즐겁게 마 - 음을　다스려 참모습을　이루노라 면
아 - 즐 - 겁게　즐겁게 법 - 담을　함으로 꽃피울걸　맹세를 하 고

정 - 토의 세상 이　우 리 를 맞 - 으리　우리 모두 기도합시
정 - 진에 정진 을　정 진 에 정 - 진을　우리 모두 실천합시

다　　다 같이 기도합시 - 다
다　　다 같이 실천합시 - 다

Fine

출가재일

작사 문재현
작곡 배신영
노래 채연희

염 원

작사 문재현
작곡 배신영
노래 채연희

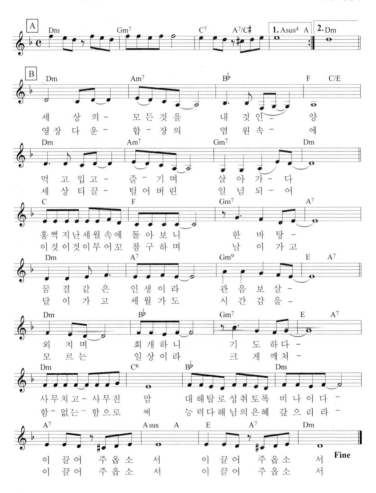

우리네 삶, 고운 수로

작사 문재현
작곡 배신영
노래 채연희

숲속의 마음

작사 문재현
작곡 배신영
노래 채연희

Disco ♩ = 120

푸른 숲-속의 고 색질은 절 찾아
깊고 그-윽한 산 사 찾아온 마음
사 람 다-움을 생 각하며 걷 는길

라 - 라 - 친구들과 굽 이굽이
라 - 라 - 친구들과 사 색하는
라 - 라 - 친구들과 주 고받는

걷 는길 가 계곡물도 반 - 기 는
가 부 좌에 관 음보살 미 - 소 를
오 늘의 말 길 가볕도 그 - 윽 한

소 리좋고도 좋 아 콧 - 노래 응 -
짓 고좋고도 좋 아 나 - 는야 응 -
미 소좋고도 좋 아 맘 - 노래 응 -

새 들 도 합 창 을 하 네
마 음 꽃 활 짝 피 었 네
숲 길 도 어 깨 춤 추 네

Fine

사 색

작사 대원 문재현
작곡 배신영

조 용－히 눈－감 고－서　참－나를살펴－봐 요
조 용－한 사－색으－로　깨－달아살펴－보 면

갖은생각　모든행이　이로좇아있건만－　은
온갖지혜　모든덕이　이로좇아있－음－　에

색깔도모양도없 어　알－고과서　사 색일세 모든걸내려놓고－
그능력베풀고펼 처　누－리려고　수 행일세 모두를다비우고－

쉬는시 간사색으　로　한 걸음또한걸음 다가서는노력다해　기어이성취하여
님의자 취따름으　로　한 걸음또한걸음 극락세계다가가서　기어이성취하여

낙 원의－삶－누 리려　네
너 나없－이－누 려보　세

천부경을 아시나요

작사 대원 문재현
작곡 배신영

우리조상 깊－은진리 천부경을아시나 요
바른진리 깨－달아서 이세상을바로봐 요

여든－－ 한－자속에누 리의－온이－치－ 를
마음－－의 능－력으로펼 쳐놓은장엄－이－ 라

남 김없이－ 담으셨－네－ 필부의사내－ 라 도
화 려하고－ 아름답네－ 이땅인이대－ 로 가

마음을－갈고닦－ 아 영원 하찬－나깨－ 처
낙원의－세계이－ 니 노래 와춤－으로－ 써

환인－ 큰은혜에 보답－해사－ 세
어깨－ 동무하고 영원－히사－ 세

보 살 가

작사 대원 문재현
작곡 김동환

너무느리지않게 ♩ = 80

세상사에어 올린 구 제의길

어려움도웃어넘긴 이 마음을   흰 구름너도알리 라

성불의보리과를 이루기위해   두타의수행으로 써

이 세계 저 세계서 닦았던 보현행을 영 원 히 펼 치 ─ 리

도서출판 문젠(Moonzen)의 책들

1~5. 바로보인 전등록 (전30권을 5권으로)

7불과 역대 조사의 말씀이 1,700공안으로 집대성되어 있는 선종 최고의 고전으로, 깨달음의 정수가 살아 숨쉬도록 새롭게 번역되었다.

464, 464, 472, 448, 432쪽.

각권 18,000원

6. 바로보인 무문관

황룡 무문 혜개 선사가 저술한 공안집으로 전등록, 선문염송, 벽암록 등과 함께 손꼽히는 선문의 명저이다.

본칙 48개와 무문 선사의 평창과 송, 여기에 역저자인 대원 문재현 선사의 도움말과 시송으로 생명과 같은 선문의 진수를 맛보여 주고 있다.

272쪽. 12,000원

7. 바로보인 벽암록

설두 선사의 설두송고를 원오 극근 선사가 수행자에게 제창한 것이 벽암록이다.

이 책은 본칙과 설두 선사의 송, 대원 문재현 선사의 도움말과 시송으로 이루어져, 벽암록을 오늘에 맞게 바로 보이고 있다.

456쪽. 15,000원

8. 바로보인 천부경

우리 민족 최고(最古)의 경전 천부경을 깨달음의 책으로 새롭게 바로 보였다. 이 책에는 81권의 화엄경을 81자에 함축한 듯한 천부경과, 교화경, 치화경의 내용이 함께 담겨 있으며, 역저자인 대원 문재현 선사가 도움말, 토끼뿔, 거북털 등으로 손쉽게 닦아 증득하는 문을 열어놓고 있다.

432쪽. 15,000원

9. 바로보인 금강경

대원 문재현 선사의 『바로보인 금강경』은 국내 최초로 독창적인 과목을 내어 부처님과 수보리 존자의 대화 이면의 숨은 뜻을 드러내고, 자문과 시송으로 본문의 핵심을 꿰뚫어 밝혀, 금강경 전체를 손바닥 안의 겨자씨를 보듯 설파하고 있다.

488쪽. 15,000원

10. 세월을 북채로 세상을 북삼아

대원 문재현 선사의 선시가 담긴 선시화집 『세월을 북채로 세상을 북삼아』는 선과 시와 그림이 정상에서 만나 어우러진 한바탕이다. 선의 세계를 누리는 불가사의한 일상의 노래, 법열의 환희로 취한 어깨춤과 같은 선시가 생생하고 눈부시게 내면의 소리로 흐른다.

180쪽. 15,000원

11. 영원한현실

애매모호한 구석이 없이 밝고 명쾌하여, 너무도 분명함에 오히려 그 깊이를 헤아리기 어려운, 대원 문재현 선사의 주옥같은 법문을 모아 놓은 법문집이다.

400쪽. 15,000원

12. 바로보인 신심명

신심명은 양끝을 들어 양끝을 쓸어버리는, 40 대치법으로 이루어진, 3조 승찬 대사의 게송이다. 이를 대원 문재현 선사가 바로 번역하는 것은 물론, 주해, 게송, 법문을 더해 통쾌하게 회통하고 자유자재 농한 것이 이 『바로보인 신심명』이다.

296쪽. 10,000원

13~17. 바로보인 환단고기 (전5권)

『바로보인 환단고기』 1권은 민족정신의 정수인 환단고기의 진리를 총정리하여 출간하였다. 2권에는 역사총론과 태초에서 배달국까지 역사가 실려 있으며, 3권은 단군조선, 4권은 북부여에서부터 고려까지의 역사가 실려 있다. 5권에는 역사를 증명하는 부록과 함께 환단고기 원문을 실었다.

344·368·264·352·344쪽. 각권 12,000원

18~47. 바로보인 선문염송 (전30권)

선문염송은 세계최대의 공안집이다. 전 공안을 망라하다시피 했기에 불조의 법 쓰는 바를 손바닥 들여다보듯 하지 않고는 제대로 번역할 수 없다. 대원 문재현 선사는 전 공안을 바로 참구할 수 있게끔 번역하고 각 칙마다 일러보였다.

352 368 344 352 360 360 400 440 376 392
384 428 410 380 368 434 400 404 406 440
424 460 472 456 504 528 488 488 480 512쪽
각권 15,000원

48. 앞뜰에 국화꽃 곱고 북산에 첫눈 희다

대원 문재현 선사의 선문답집으로 전강·경봉·숭산·묵산 선사와의 명쾌한 문답을 실었으며, 중앙일보의 <한국불교의 큰스님 선문답> 열 분의 기사와 기자의 질문에 대한 대원 문재현 선사의 별답을 함께 실었다.

200쪽. 5,000원

49. 바로보인 증도가

선종사에 사라지지 않을 발자취로 남은 영가 선사의 증도가를 대원 문재현 선사가 번역하고 법문과 송을 더하였다.

자비의 방편인 증도가의 말씀을 하나하나 쳐가는 선사의 일갈이야말로 영가 선사의 본 의중과 일치하여 부합하는 것이라 아니할 수 없다.

376쪽. 10,000원

50. 바로보인 반야심경

이 시대의 야부(冶父)선사, 대원 문재현 선사가 최초로 반야심경에 과목을 붙여 반야심경 내면에 흐르는 뜻을 밀밀하게 밝혀놓고 거침없는 송으로 들어보였다.

264쪽. 10,000원

51~52. 선(禪)을 묻는 그대에게 (전10권 중 2권)

대원 문재현 선사의 선수행에 대한 문답집. 깨달아 사무친 경지에 대한 밀밀한 점검과, 오후보림에 대한 구체적인 수행법 제시와, 최초의 무명과 우주생성의 원리까지 낱낱이 설한 법문이 담겨 있다.

280쪽, 272쪽. 각권 15,000원

53. 바로보인 선가귀감

선가귀감은 깨닫고 닦아가는 비법이 고스란히 전수되어 있는 선가의 거울이라 할 만하다. 더욱이 바로보인 선가귀감은 매 소절마다 대원 문재현 선사의 시송이 화살을 과녁에 적중시키듯 역대 조사와 서산대사의 의중을 꿰뚫어 보석처럼 빛나고 있다.

352쪽. 15,000원

54. 바로보인 법융선사 심명

심명 99절의 한 소절, 한 소절이 이름 그대로 마음에 새겨두어야 할 자비광명들이다. 이 심명은 언어와 문자이면서 언어와 문자를 초월한 일상을 영위하게 하는 주옥같은 법문이다.

278쪽. 12,000원

55. 주머니 속의 심경

반야심경은 부처님이 설하신 경 중에서도 절제된 경으로 으뜸가는 경이다. 대원 문재현 선사의 선송(禪頌)도 그 뜻을 따라 간략하나 선의 풍미를 한껏 담고 있다. 하루에 한 소절씩을 읽고 참구한다면 선 수행의 지름길이 될 것이다.

84쪽. 5,000원

56. 바로보인 법성게

법성게는 한마디로 화엄경의 핵심부를 온통 훤출히 드러내놓은 게송이다. 짧은 글 속에 일체의 법을 이렇게 통렬하게 담아놓은 법문도 드물 것이다.

이렇게 함축된 법성게 법문을 대원 문재현 선사가 속속들이 밀밀하게 설해놓았다.

176쪽. 10,000원

57. 달다 - 전강 대선사 법어집

이제는 전설이 된 한국 근대선의 거목인 전강 선사님의 최상승법과 예리한 지혜, 선기로 넘쳤던 삶이 생생하게 담겨 있는 전강 대선사 법어집 < 달다 > !
전강 대선사님의 인가 제자인 대원 문재현 선사가 전강 대선사님의 법거량과 법문, 일화를 재조명하여 보였다.

368쪽. 15,000원

58. 기우목동가

그 뜻이 심오하여 번역하기 어려웠던 말계 지은 선사의 기우목동가!
대원 문재현 선사가 바른 뜻이 드러나도록 번역하고, 간결한 결문과 주옥같은 선송으로 다시 보였다.

146쪽. 10,000원

59. 초발심자경문

이 초발심자경문은 한문을 새기는 힘인 문리를 터득하게 하기 위하여 일부러 의역하지 않고 직역하였다.
대원 문재현 선사의 살아있는 수행지침도 실려 있다.

266쪽. 10,000원

60. 방거사어록

방거사어록은 선의 일상, 선의 누림을 보여주는 대표적인 선문이다. 역저자인 대원 문재현 선사는 방거사어록의 문답을 '본연의 바탕에서 꽃피우는 일상의 함'이라 말하고 있다. 법의 흔적마저 없는 문답의 경지를 온전하게 드러내 놓은 번역과, 방거사와 호흡을 함께 하는 듯한 '토끼뿔'이 실려 있다.

306쪽. 15,000원

61. 실증설

이 책의 모태는 대원 문재현 선사가 2010년 2월 14일 구정을 맞이하여 불자들에게 불법의 참뜻을 보이기 위해 홀연히 펜을 들어 일시에 써내려간 이 책의 3부이다. 실증한 이가 아니고는 설파할 수 없는 일구 도리로 보인 이 3부와 태초로부터 영겁에 이르는 성품의 이치를 문답과 인터뷰 법문으로 낱낱이 설한 1, 2를 보아 실증하기를…

224쪽. 10,000원

62. 하택신회대사 현종기

육조대사의 법이 중국천하에 우뚝하도록 한 장본인, 하택신회대사의 현종기. 세간에 지해종도로 알려져 있는 편견을 불식시키는 뛰어난 깨달음의 경지가 여기에 담겨있다. 대원 문재현 선사가 하택신회대사의 실경지를 드러내고 바로보임으로써 빛냈다.

232쪽. 10,000원

63. 불조정맥 - 韓·英·中 3개국어판

석가모니불로부터 현 78대에 이르기까지 불조정맥진영(佛祖正脈眞影)과 정맥전법게(正脈傳法偈)를 온전하게 갖춘 최초의 불조정맥서. 대원 문재현 선사가 다년간 수집, 정리하여 기도와 관조 끝에 완성한 『불조정맥』을 3개 국어로 완역하였다.

216쪽. 20,000원

64. 바른 불자가 됩시다

참된 발심을 하여 바른 신앙, 바른 수행을 하고자 해도, 그 기준을 알지 못해 방황하는 불자님들을 위해 불법의 바른 길잡이 역할을 하도록 대원 문재현 선사가 집필하여 출간하였다.

162쪽. 10,000원

65. 누구나 궁금한 33가지

21세기의 인류를 위해 모든 이들이 가장 어렵고 궁금해 하는 문제, 삶과 죽음, 종교와 진리에 대한 바른 지표를 제시하고자 대원 문재현 선사가 집필하여 출간하였다.

180쪽. 10,000원

66. 108진참회문 - 韓 · 英 · 中 3개국어판

전생의 모든 악연들이 사라져 장애가 없어지고, 소망하는 삶을 살게 하기 위해 대원 문재현 선사가 10계를 위주로 구성한 108 항목의 참회문이다. 한 대목마다 1배를 하여 108배를 실천할 것을 권한다.

170쪽. 15,000원

67. 달마의 일할도 허락지 않는다

대원 문재현 선사의 짧고 명쾌한 법문집. 책을 잡는 순간 달마의 일할도 허락지 않는 선기와 맞닥뜨리게 될 것이다. 때로는 하늘을 찌를 듯한 기세와, 때로는 흔적 없는 공기와도 같은 향기를 일별하기를…

190쪽. 10,000원

68. 마음대로 앉아 죽고 서서 죽고

생사를 자재한 분들의 앉아서 열반하고 서서 열반한 내력은 물론 그분들의 생애와 법까지 일목요연하게 수록해놓았다.

446쪽. 15,000원

69. 화두 - 韓·英·中 3개국어판

『화두』는 대원 문재현 선사의 평생 선문답
의 결정판이다. 생생하게 살아있는 선(禪)을
한·영·중 3개국어로 만날 수 있다. 특히
대원 문재현 선사의 짧은 일대기가 실려 있
어 그 선풍을 음미하는 데에 큰 도움을 주고
있다.

440쪽. 15,000원

70. 바로보인 간당론

법문하는 이가 법리를 모르고 주장자를 치
는 것을 눈먼 주장자라 한다. 법좌에 올라
주장자 쓰는 이들을 위해서 대원 문재현 선
사가 간당론에서 선리(禪理)만을 취하여 『바
로보인 간당론』을 출간하였다.

218쪽. 20,000원

71. 완전한 우리말 불공예식법

부처님께 공양을 올리고 불보살님의 가피를
구하는 예법 등을 총칭하여 불공예식법이라
한다. 대원 문재현 선사가 이러한 불공예식
의 본뜻을 살려서 완전한 우리말본 불공예
식법을 출간하였다.

456쪽. 38,000원

72. 바로보인 유마경

유마경은 가히 불법의 최정점을 찍는 경전이라 할 것이니, 불보살님이 교화하는 경지에서의 깨달음의 실경과 신통자재한 방편행을 보여주는 최상승 경전이다. 대원 문재현 선사가 < 대원선사 토끼뿔 >로 이 유마경에 걸맞는 최상승법을 이 시대에 다시금 드날렸다.

568쪽. 20,000원

73. 실증설 5개국어판 - 韓·英·佛·西·中

대원 문재현 선사가 불법의 참뜻을 보이기 위해 홀연히 펜을 들어 일시에 써내려간 실증설! 실증한 이가 아니고는 설파할 수 없는 도리로 가득한 이 책이 드디어 영어, 불어, 스페인어, 중국어를 더하여 5개국어로 편찬되었다.

860쪽. 25,000원

74. 누구나 궁금한 33가지 3개국어판 - 韓·英·中

누구라도 풀어야 할 숙제인 33가지의 의문에 대한 답을 21세기의 현대인에게 맞는 비유와 언어로 되살린 『누구나 궁금한 33가지』가 한글, 영어, 중국어 3개국어로 출간되었다.

408쪽. 15,000원

75. 달마의 일할도 허락지 않는다 3개국어판 - 韓·英·中

대원 문재현 선사의 짧고 명쾌한 법문집인 『달마의 일할도 허락지 않는다』가 한글, 영어, 중국어 3개국어로 출간되었다. 전세계에서 유일하게 활선의 가풍이 이어지고 있는 한국, 그 가운데에서도 불조의 정맥을 이은 대원 문재현 선사가 살활자재한 법문을 세계로 전하고 있는 책이다.

308쪽. 15,000원

76~85. 화엄경 (전81권 중 10권)

대원 문재현 선사는 선문염송 30권, 전등록 30권을 모두 역해하여 세계 최초로 1,463칙 전 공안에 착어하였다. 이러한 안목으로 대천세계를 손바닥의 겨자씨 들여다보듯 하신 불보살님들의 지혜와 신통으로 누리는 불가사의한 화엄세계를 열어 보였다.

206 256 264 278 240 288 276 224 220 236쪽
각권 15,000원

86. 법성게 3개국어판 - 韓·英·中

법성게는 한마디로 화엄경의 핵심부를 훤출히 드러내놓은 게송으로 짧은 글 속에 일체법을 고스란히 담아 놓았다. 대원 문재현 선사의 통쾌한 법성게 법문이 한영중 3개국어로 출간되었다.

376쪽. 15,000원

87. 정법의 원류

『정법의 원류』는 불조정맥을 이은 정맥선원의 소개서이다. 정맥선원은 불조정맥 제77조 조계종 전강 대선사의 인가 제자인 대원 문재현 전법선사가 주재하는 도량이다. 『정법의 원류』를 통해 정맥선원 대원 문재현 선사의 정맥을 이은 법과 지도방편을 만날 수 있다.

444쪽. 20,000원

법문 MP3를 주문판매합니다

부처님의 78대손이신 대원(大圓) 문재현(文載賢) 전법선사님의 법문 MP3가 나왔습니다. 책으로만 보아서는 고준하여 알기 어려웠던 선문(禪文)의 이치들이 자세히 설하여져 있어서, 모든 궁금증을 시원하게 풀어줄 것입니다.

- 천부경 : 15,000원
- 신심명 : 30,000원
- 현종기 : 65,000원
- 기우목동가 : 75,000원
- 반야심경 : 1회당 5,000원 (총 32회)
- 선가귀감 : 1회당 5,000원 (총 80회)

- 금강경 : 40,000원
- 법성게 : 10,000원
- 법융선사 심명 : 100,000원

대원 선사님 작사 노래 CD 주문판매합니다

가슴으로 부르는
불심의 노래

1. 서 원 가 (3:36)
2. 반조 염불가 (4:00)
3. 소중한 삶 (2:30)
4. 석가모니불 (4:52)
5. 맹서의 노래 (4:25)
6. 염원의 노래 (3:25)
7. 음성 공양 (3:51)
8. 발 심 가 (3:05)
9. 자비의 품 (4:10)
10. 부처님 은혜(첫 번째) (4:34)

11. 보살의 마음 (3:50)
12. 이 생에 해야 할 일 (3:08)
13. 구도의 목표 (3:18)
14. 님은 아시리 (3:42)
15. 부처님 은혜(두 번째) (4:34)
16. 성중성인 오셨네 (3:10)
17. 내 문제는 내가 풀자 (2:38)
18. 즐거운 밤 (2:27)
19. 관 음 가 (2:48)

• 가격 : 2만 원

가슴으로 부르는
불심의 노래 2

1. 부 처 님 (4:01)
2. 열반재일 (3:09)
3. 성도재일 (4:00)
4. 석굴암의 노래 (3:19)
5. 님의 모습 (3:15)
6. 믿고 따르세 (2:55)
7. 신명을 다하리 (4:17)
8. 부처님께 바치는 마음 (3:49)
9. 감사합니다 (3:10)
10. 교 화 가 (4:30)

11. 섬진강 초호 (3:08)
12. 권 수 가[1] (3:02)
13. 권 수 가[2] (3:02)
14. 우란분재일 (3:38)
15. 고맙습니다 (2:31)
16. 믿음으로 여는 세상 (3:05)
17. 출가재일 (2:44)
18. 염 원 (2:52)
19. 우리네 삶, 고운 수로 (2:35)
20. 숲속의 마음 (2:33)

佛心

• 가격 : 1만5천 원

문의 전화 ☎ 031-534-3373

유튜브에서 채널 구독하시고
무료로 찬불가 앨범을 감상하세요

유튜브에서 MOONZEN을 검색하시거나
아래의 주소로 접속해주세요

http://www.youtube.com/user/officialMOONZEN

화엄경 11권은 대통사 해남정맥선원의
혜안 김은선, 영주 정경애, 혜충 김태영,
무업 김재준 본연님과 김은희, 김은미,
김태권 님의 보시에 의해 출간되었습니
다. 이 무량공덕으로 구경성불하시기를
기원합니다.